筑摩選書

赤川 学
Akagawa Manabu

# 明治の「性典」を作った男

謎の医学者・千葉繁を追う

明治の「性典」を作った男　目次

# 明治の「性典」を作った男

## 謎の医学者・千葉繁を追う

# 第1章

# 明治の性典『造化機論』の誕生

## 知られざるベストセラー、造化機論

明治八（一八七五）年に出版された、『造化機論《ぞうかきろん》』をご存じだろうか。もしお暇があれば、「日本の古本屋」など古本を買えるウェブサイトか、googleなどの検索エンジンで、「造化機論」と入力してみてほしい。何冊か、ときには何十冊も、該当する本がヒットするはずである。

そのうち明治八年に出版されたものがあれば、そこには「米国善亜頓原撰　日本千葉繁《ちばしげる》譯述」と書いてあり、たいていは数万円の値がついているはずだ。いまや稀覯本《きこうぼん》に属するといっていいだろう。

筆者が造化機論に興味を持ちはじめた平成五（一九九三）年頃――バブル経済が崩壊した直後のことだが――、この本を古本市でみかけたときには、そこまで高い値段がついていたわけではなかった。せいぜい一万円前後だったはずである。当時、筆者は修士課程を終えたばかりの貧乏な大学院生で、一万円以上もする古本に容易に手が出せるはずもなかった。現物が所蔵されている図書館――東京大学法学部明治新聞雑誌文庫や、当時神保町にあった（財）日本性教育協会の図書室――を探しあて、ちょっとずつコピーして、全体が読めるようにした。

当時の筆者は、ポルノグラフィをテーマにした社会学の修士論文を書き終えて、次にやるべき仕事を探していたところだった。研究テーマを決めるときは、わりと漠然としたことが動機になることが多い。筆者の場合も、「ポルノの次は、それと切っても切れないオナニーのことでも研究するか」、「修士論文は現代のことが中心だったから、博士論文では、明治以降の性の歴史に本格的に取り組んでみるか」という程度の軽い気持ちだった……はずである。

　そしてあるとき、現在でも金曜・土曜に多く開催されている神田神保町の古本市に数週間通ってみた。すると……。

　そこでは、まったくみたこともない、性をテーマとする古書が山のようにみつかった。ヴァン・デ・ベルデ『完全なる結婚』（一九四七）、キンゼイ報告、マスターズ&ジョンソン報告、シエア・ハイト報告、山本宣治《せんじ》の性教育本、謝国権《しゃこっけん》の『性生活の知恵』（一九六〇）、奈良林祥《やすし》の『HOW TO SEX』（一九七一）などなど。

　このあたりまでなら、性の歴史や風俗に多少なりとも興味がある人なら、聞いたことがあるだろう。だがそれだけではなく、羽太鋭治《はぶとえいじ》、澤田順次郎、田中香涯《こうがい》、高田義一郎、その他もろもろ、それまでみたことも聞いたこともないような著者による書籍が古本屋の本棚には大量に存在していた。たいていは数百円から数千円の値段にすぎなかったが、当時筆者は近代日本のオナニーや性欲に関する言説を可能な限り収集するという方針を立てていたので、なけなしのお金を払いながら買いためていった。最終的には数年間で数百冊、このような古本を買い漁《あさ》ることになった。その結果、ヨークシャー大学のジョージ・ポットマン教授から「一人遊びの研究で、天下の東京大学准教授まで上りつめた」と評していただいた[1]、博士論文を完成させることができた。『造化機論』はそうした古本のなかのひとつである。

「造化」という言葉は現在では耳慣れないが、『デジタル大辞泉』によれば、「一 天地万物を創造し育てること。また、それをなす者。造物主。「——の神」 二 造物主によってつくられたもの。自然。」[2]というような意味であり、かつては日常的なことばだった。明治期以降でもまだ使われている。たとえば福澤諭吉（一八三五〜一九〇一）が晩年に口述し、「人間蛆虫《うじむし》論」で有名な『福翁百話』（一八九六―九七）第一七話の表題は、「造化と争う」である。そこで福澤は、「与造化争境《ぞうかとさかいをあらそい》と云い束縛化翁是開明《かおうをそくばくす、これをかいめい》と云う」として、自然の働きと競いあい、自然を支配することが文明開化であると述べていた。[3]

「造化」という言葉は、「造化の神」「造化の妙法」などという形で、明治時代には普通に使われていた。現代語なら、おおむね「Nature」の意味に近い。そして「造化機」とは性器、生殖器を意味する。だから造化機論は現代風にいうなら、生殖器論、性器論、ペニス論やヴァギナ論ということになる。もっとわかりやすくいえば『造化機論』は、日本初の解剖学の書である『解体新書』（安永三＝一七七四年）の生殖器版といえるだろう。

それから少し調べてみると、『造化機論』は、明治期の風俗や性教育の歴史に興味をもつ一部の人には、以前からそれなりに知られた書物であった。たとえば二〇世紀を代表するオナニー研究家である木本至氏（一九三七〜　）は、記念碑的な名著『オナニーと日本人』（一九七六）のなかで、「健康法の一部としか扱われなかった人間の性は、ようやく明治八年に『造化機論』（乾坤《けんこん》二冊）が刊行されるに及び、はじめてプロパーな専門書をもつことができた」、「『造化機論』こそは、近代の言葉と論理で性を解きあかしたモニュメンタリーな書物として是非とも記録されねばならない」と最大限の賛辞を送っている。[4]

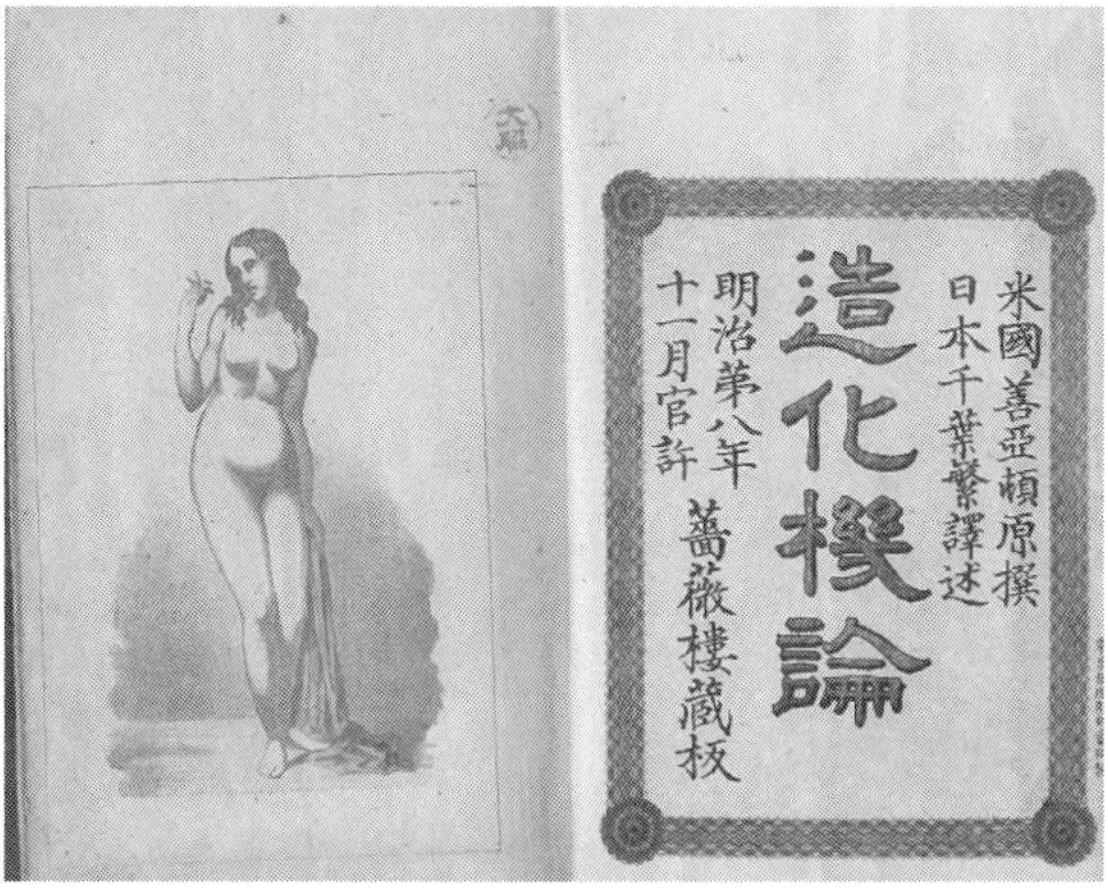

図1-1　『造化機論』より

また同時代の史料をみても、『造化機論』に対する注目度は高い。明治期のさまざまな事物の起源を編纂した石井研堂《けんどう》（一八六五～一九四三）は、「性の翻訳書の始め」という項目で次のように記している。

> 明治九年十二月、千葉繁、米国善亜頓《アストン》の原著を訳出し、『通俗造化機論』と題して発行し、同十一年四月第二篇を続出す。これ性の訳書の先鞭にして一時売れ行きよろしかりければ、同種の類書続続《ぞくぞく》世に出でたり。『東京新誌』明治一二年事物盛衰記に「春画本廃《すた》れて造化史興《おこ》れり」とあるものこれなり。[5]

明治九年の『通俗造化機論』は、明治八年の『造化機論』がカタカナまじり、ルビなしの和装本だったのに対して、これをひらがな、総ルビの平易な文章に書き直して出版したものである。つまり明治八年版を一般向けに書き直したものである。明治を代表する碩学《せきがく》・石井研堂をして、『造化機論』が江戸期の春画や春本に取って代わるほどのブームになったといわしめている。これは二重の意味で驚異的なことだ。第一に、明治期に『造化機論』は、性について語る言説のなかで、春画なみに重要な意義を有していたという意味で。第二に、それほど有名な言説が、現在ではすっかり忘れ去られているという意味においてである。

ところで「造化機論」は、実際には何種類くらい出版されたのだろうか。社会学者の上野千鶴子氏（一九四八〜　）は『風俗　性』（岩波書店）の解説のなかで、「造化（機）」という語を冠する明治初期の通俗性科学《せいかがく》書のリストを一六冊あげている。[6] 人類学者の小田亮氏（一九五四〜　）はそれに補足して、二九冊のリストを作成している。[7] 筆者自身、平成一一（一九九九）年に出版した博士論文のなかで、造化機論系の書物を含む、明治期の性科学書を八七冊列記した。[8] しかし実際には、さらに多い。

造化機論に関して現在、日本、いや世界でもっとも造詣が深いのは、疑いなく石川一孝氏である。彼が刊行した『明治造化機論年表』によれば、発行が確認できる明治の「性典」は、なんと三二二冊に及ぶ。そのうち「造化」という語を含む書物だけでも五〇冊をこえる。[9] いろんな著者や出版者によって、手を替え品を替え版を替え、「造化機論」が繰り返し刊行されたことがわかる。ちなみに筆者が存在を確認できた『造化機論』の最新版は、明治四一（一九〇八）年一〇月に刊行された第一六版であった。つまり明治期を通してずっと需要が存在していた。

では『造化機論』には何が書いてあったのか。なぜ、それほどまでに人気があったのか。それを明らかにするところから、本書ははじまる。しかしその前に考えてみたい問題がある。造化機論が明治期にそれほどまでのブームであったとしたら、現在の私たちが造化機論のことをほとんど知らないのは、奇妙ではないか。「単にブームが過ぎたから」というのも、ひとつの答えかもしれない。しかしブームは過ぎても、記憶に残るものがある。語り継がれるものがある。筆者にとってそれはアントニオ猪木のプロレスであり、大仁田厚のF.M.W.であり、格闘技のPRIDE.である。個人的には一九九〇年代のAVブームも。もっと一般的な例を挙げるならキャンディーズにはじまり、ピンク・レディーを経て、おニャン子クラブ、オールナイターズ、モーニング

1――『ジョージ・ポットマンの平成史Vol.1』（DVD）、TV TOKYO、二〇一二年。
2――『デジタル大辞泉』（小学館）Web版による検索。
3――『福澤諭吉著作集　第一一巻　福翁百話』慶應義塾大学出版株式会社、二〇〇三、四八頁。
4――木本至『オナニーと日本人』インタナルKK、一九七六年、六九頁。
5――石井研堂『明治事物起原4』一九九七（一九四四）年、ちくま学芸文庫、二一八頁。
6――上野千鶴子「解説（二）」『風俗　性』岩波書店、一九九〇年、五〇五―五五〇頁。
7――小田亮『性』弘文堂、一九九六年、二〇―二二頁。
8――赤川学『セクシュアリティの歴史社会学』勁草書房、一九九九年、八八―九〇頁。
9――石川一孝『明治造化機論年表』私家版、二〇一三年。

娘。、Perfume、AKB48、そしてももクロと、過去から連綿と続くアイドルグループもその列に連なるかもしれない。それら記憶に残った事物が、風俗史の対象となる。

だが造化機論ブームやその後の一般向け性科学書のブームでは、忘却の度合はすさまじい。一般の人びとだけでなく、歴史を研究する者ですら、しばしばそれらを「なかったこと」にしてしまう。たとえば近年の性教育史で、明治時代の造化機論や大正〜昭和初期の通俗性慾学に言及する人はほとんどいない。それらは正統な性教育にとっての異端、あるいは風俗史の一コマとして扱われ、真剣な研究の対象にはならない。だが当時の日本人にとってそれらの書物は、明らかに大きな知的影響を与えたはずなのである。

本当に考えなければならないのは、なぜ現在の私たちは、過去のブームや遺産を、これほどあっさり忘れてしまうことができるのか、ということだ。これはひとり造化機論のみならず、近代以降の日本における性知識や常識が辿ってきた運命でもある。本書が最終的に目指すのは、この謎に迫ることである。

## 明治八年の『造化機論』と千葉繁

謎は、それだけにとどまらない。

こうした造化機論系の書物の嚆矢《こうし》と誰もが認めるのが、明治八（一八七五）年に出版された『造化機論』（乾坤二冊）である。その著者はアメリカ合衆国の「善亜頓」（ゼームス・アストン）、その訳者が「千葉繁」である。「ゼームス・アストン」の英語表記は間違いなくJames Ashtonである。だが一体、この「James Ashton」とは何者で、それを訳した「千葉繁」とは誰なのか。奥付には次のように書いてあるのみである。

明治八年十一月十二日版権免許
翻訳者　神奈川県下横浜伊勢山町四十五番地
　千葉　繁
出版人　東京日本橋通二丁目十九番地
　稲田　佐兵衛
売捌書林

千葉繁といえば、一九八〇年代に幼少期・青年期を過ごした人間ならば、八〇年代戦争アニメの傑作『装甲騎兵ボトムズ』のバニラ・バートラーや、『うる星やつら』のメガネ役を演じた声優の千葉繁（一九五四〜、本名・前田正治氏）のことを思い浮かべるだろう。実際「千葉繁」でgoogle検索すると、圧倒的にこの前田正治氏の情報で覆い尽くされる。ぎゃくに『造化機論』を書いた千葉繁に関する情報はほとんど出てこない。

単にgoogle検索に引っかからないだけでない。そもそも『造化機論』の千葉繁とは何者なのか、性の歴史研究を専門とする研究者の間でもほとんどわかっていない。千葉繁が出版したことが判明しているのは以下の四冊にすぎず、この四部作の翻訳者・出版者であるということが、千葉繁についてわかっていることのすべてである。

①『造化機論』（乾坤二冊）、明治八（一八七五）年一一月、米国善亜頓（James Ashton）原撰
②『通俗造化機論』、明治九（一八七六）年一二月、米国善亜頓（James Ashton）原撰
③『通俗造化機論二篇』、明治一一（一八七八）年四月、米国 エドワルド・フート（Edward Bliss Foote）
④『通俗造化機論三篇』、明治一二（一八七九）年六月、米国 エドワルド・フート（Edward Bliss Foote）

というわけで、現時点で千葉繁に関する個人情報は、この四冊の末尾にある奥付に頼るしかない。たとえば③では「神奈川県士族」とある。また住所は、①・②では「神奈川県下横浜伊勢山町四十五番地」、③では「第一大区一小区横浜大田町六丁目九十五番地」、④では「横浜区野毛区四丁目三百五拾弐番地」となっている。この頃、千葉繁が横浜市内を転々としていたことがわかる。

一九九〇年代、筆者は何かに取り憑《つ》かれたかのように、性の古本、すなわち「性典」を収集しつづけた。その過程で、次から次へと未見の文献が登場し、これまでの風俗史や性教育史で触れ

られていないテクストが数多く存在することに気づいた。今にして思えば、あの頃のように、痴的ならぬ、知的興奮に満ちた日々を過ごせただけでも、幸せであった。玉置浩二の名曲『メロディー』（一九九六）の一節にいうごとく、「あの頃は何もなくて、それだって楽しくやったよ♪」という気分である。

しかし千葉繁という人物の存在は、筆者にとって大きな謎であり続けた。多くの研究者が認めるように『造化機論』は、日本人の「セクシュアリティの近代」を根底から規定する重要なテクスト、明治の「性典」である。ところが訳者の千葉繁が、どのような目的と経緯で出版に至ったのか、そもそもどんな人物だったのか、皆目《かいもく》見当もつかなかった。当時の筆者は三〜六年という限られた期間内に、原稿用紙で一〇〇〇枚をこえる博士論文を書き上げなければならず、そのような身の上では、テクストの書誌的考察や、テクストを書いた著者の情報よりも、大量のテクストにおける言説の同型性や通時的な変化を描き出すことを優先せざるをえなかった。当時としては全力を尽くしたつもりではあったが、内心忸怩《じくじ》たる思いがなかったといえば嘘になる。さらに個人的な事情になるが、やがて岡山に職を得て、さらに信州、東京へと大学を転々とするうちに、猛烈な量の雑用を含む眼前の仕事に忙殺され、徐々に千葉繁のことを忘れかけていった。そのうちに干支《えと》も一回りした。

その間、『造化機論』の謎に取り組んでこられたのは、科学史家の斎藤光氏（一九五六〜　）である。筆者にとって研究上の刺激を常に与えてくれる先輩でもある斎藤氏は、平成九（一九九七）年という早い時期に、『造化機論』の原典が*James Ashton*が書いた*The Book of Nature*（一八六五）であることをつきとめ、平成一五（二〇〇三）年には両者が原典―翻訳関係にあることを確定している。斎藤氏によれば、千葉繁は正確に英語を日本語に置き換えており、千葉自身が「かなりの英語力の持主であった」[10]。だがそれでも千葉の来歴は不明である。「訳者の千葉繁の姿は霧に包まれており、いまだようとしてその行方はつかめていない」[11]。

　木本至氏、上野千鶴子氏、小田亮氏、斎藤光氏ら、性の歴史に関する当代最高の知性が果敢にアタックしてもなお、千葉繁は歴史という大海の水面に容易に姿を現さない。このまま筆者の関心と記憶からも消えていきそうであった。しかし……。

「出会いはいつでも　偶然の風の中♪」と、さだまさしは歌う（『天までとどけ』）。実は数年前、筆者はすでにあるヒントを授かっていたのだ。そのときから数えても、本書執筆を決意するには六年以上の歳月が過ぎている。わが不明と怠慢を呪わしく思わずにはいられない。しかし今となっては、「必然たりえない偶然はない」（『装甲騎兵ボトムズ』第二一話・予告）とも思うのだ。あのときのなにげない出来事が、今の私につながっている。偶然は、こだわり続ければ必然になる。

　本書がこれから明らかにしていくのは、千葉繁という、ある意味では無名な一人の男の人生にすぎない。しかし筆者は千葉繁を通して、幕末から明治期に生じた巨大な社会変動を、蘭学から英学への変容、性の常識の大転換、幕末を生きた中級武士の没落とサヴァイヴァルに焦点をあてつつ、読み解きたく思うのだ。

よろしければ、この謎解きにしばしおつきあい願いたい。

先に、『造化機論』ほど重要な明治の「性典」が、なぜあっさり忘れさられたのか、と述べてきた。しかしそれを問う前に、私たちはまず、十分に思い出さなければならない。『造化機論』と千葉繁のことを。

次章ではまず、『造化機論』とはどのような特徴をもったテクストで、何がすごいのかについて解説したい。われわれはここで衝撃の事実を発見することになる。

10——斉藤光「解説」『近代日本のセクシュアリティ1』ゆまに書房、二〇〇六年、七頁。
11——同書、九頁。

# 第2章

## 『造化機論』には何が書いてあるのか——オナニー有害論と三種の電気説

まずは明治八（一八七五）年の『造化機論』に何が書いてあるのか、それはどのような特徴があるのか、そして千葉は原文をどのように訳したのかについて確認してみよう。いわゆるテクスト・クリティーク（史料批判）に相当する作業である。

まず『造化機論』の目次は、下記の通りである。

上巻
第一条　陽経論　　第二条　精虫論
第三条　陰経論　　第四条　情慾論
第五条　懐妊論　　第六条　胎児男女ノ論
第七条　胎児生長論
下巻
第八条　早年交合ノ害論　　第九条　妄淫ノ後害論
第十条　耽淫ノ害論　　第十一条　志意及ヒ才智論
第十二条　資質ノ区別論　　第十三条　婚姻及ヒ性質自然ノ理
第十四条　気力ノ強弱論　　第十五条　生命の寓在及ヒ長寿論
第十六条　懐妊ノ鑑定論　　第十七条　産徴及ヒ誕生論
第十八条　滋養強壮薬

『造化機論』は乾坤（上下）二巻の和装本で、「薔薇楼蔵板」とある。印刷は木版印刷、値段は八十銭。『いまならいくら?』というウェブサイトによると、白米一〇kgの値段は明治八（一八七五）年で四九銭、平成一六（二〇〇四）年には三五三六円なので、米価を用いて八〇銭を現在の価格に換算すると約五七七三円となる。現在でもそれなりに高価な書籍といえるだろう。[1]

著者のJames Ashtonはアメリカ人ではあるが、謎の人物である。現時点で*The Book of Nature*以外の著作を確認することはできない。唯一の著作の表紙には"M.D."（Medical Doctor）、"Lecturer on Sexual Physiology, and Inventor of the 'Reveil Nocturne'"（性生理学講師、「夜の目覚め」の発明者）という肩書きがあるが、詳細は不明。彼もまた千葉繁と同様、謎の性科学者といってよい。

さて上巻（乾）では男性器、女性器、情慾、妊娠、胎児発生のメカニズムなど、解剖学的な知識が中心に書かれている。生殖器の記述は、断面図もふくめて微に入り細にわたる。処女膜についての記載もあるが、これは杉田玄白と前野良沢が翻訳した『解体新書』（一七七四）においても知られていた解剖学的事実であり、本邦初とまではいえない。しかし「第一條　陽経論」における「年少者が手淫を学んで、それに耽ったり、若くして女性とセックスすると、陰茎の成長が

1——http://chigasakiws.web.fc2.com/ima-ikura.html（二〇一四年五月二日検索）。また『値段の明治大正昭和風俗史（上）』（朝日新聞社、一九八一年、一五九頁）にも白米の値段の変遷が記されている。

妨げられる」[2]という記述は、少年にとってのオナニーの有害性を説いた言説として注目される。
また「第二條　精虫論」では不妊の原因として、「女性との性行為あるいは手淫によって、情欲をほしいままにすると、精液の元気は渇絶する」[3]と述べられている。つまり若年者のオナニーは陰茎の発達や生殖能力を妨げる結果、不妊になるというのだ。オナニー有害論の典型的な言説であるが、注意したいのは、オナニーと（異性愛の男性にとっての）女性とのセックスが同列に並べられているということだ。

後半では若年者のセックスやオナニー、過度のセックスがもたらす害などを指摘しつつ、読者の性生活に対するアドヴァイスが中心となっている。原著である *The Book of Nature* の副題は、"containing information for young people who think of getting married, on the philosophy of procreation and sexual intercourse; showing how to prevent conception and to avoid child-bearing. Also management during labor and child-birth"（拙訳：結婚をお考えの若者のために、生殖・性交哲学についての情報を含む。妊娠・出産を防ぐ方法や、仕事や子育て中のやりくりについても提示）と非常に長い。斎藤光氏の調査によれば原典には Preface（序文）、How to avoid child-getting（避妊方法）、Abortions and miscarriage（中絶と流産）という章があるが、これらは翻訳されていない。千葉繁が意図的にそれらの話題を省略した可能性がある。[4]

これらヴァラエティに富んだ内容のなかでも、筆者が特に興味を惹かれるのは第九條「妄淫ノ後害論」である。というのもこの章は、出版当時から多くの人に興味をもたれたからである。たとえば文学者でジャーナリストの成島柳北《なるしまりゅうほく》が社長兼主筆を務めた『朝野《ちょうや》新聞』では、『造化機論』刊行わずか二カ月後の明治九（一八七六）年二月二八日号の「雑録」で、「近コロ刊行ニナリタル造化機論中ノ一節ヲ抄録シ多淫家ノ鑒戒《きんかい》トス」と述べて、第九条の内容をまるごと掲載している。それが過度のセックスを常習とする者への警鐘として掲載するに値すると考えられたからであろう。

当時の文章の息遣いを感じていただくため、その一部を掲載してみる。[5] ただ、このような昔の文章を読むのが億劫な方は、読み飛ばしていただいて構わない。

第九條　妄淫ノ後害論

予此書ニ於テ弄五嬢《ゴニングミ》即チ手淫ヲ論スルハ素志《そし》ニアラス是レ固《もと》ヨリ理ニ背キタル所為ニシテ精力ヲ傷《やぶ》リ健康ヲ賊《ぞく》スコト世ノ普《よ》ク知ル所ナレバ少者ニ対シ殊更《ことさら》ニ訓戒スルヲ待タザレバナリ然レドモ其陰具ヲ妄用スルノ後害ニ至リテハ亦識《し》ラサル可ラズ人或ハ其性質ニヨリテ手淫ノ

2――原文は「童子ノ手淫ヲ学テ濫ニ之ヲ行ヒ又太ハダ早年ニシテ婦人ニ交ルカ如キハ都テ陰茎ノ生長ヲ妨クル者トス」。以降、読みやすさを考慮して、元の英語や漢文や古文書は、できるかぎり現代文に翻訳したものを本文に用い、注釈で原文を示すことにする。旧仮名文字は適宜、改めた。

3――原文は「女色或イハ手淫ニ因テ大イニ情慾ヲ恣ニシ精液ノ元気ヲ渇絶スルニ因ルナリ」。

4――斉藤光「解説」一二頁。

5――『朝野新聞』明治九年二月二八日号、通算七四八号。

為メニ脊髄ノ後部ニ事ヲ起シ労瘵《ろうさい》ニ類スル症ヲ発シ熱気ナクシテ食ヲ嗜《つつし》ムコト常ノ如ク只漸次ニ衰弱ヲ極ムル者アリ婦人ノ之ヲ患ル者ハ物有リ跛行《はこう》シテ脊骨ヲ下ルガ如キヲ覚エ男子ハ精液道ヲ失フテ尿中ニ混ジ両耳鳴リ眼力衰ヘテ遠キヲ視ズ才能衰ヘ且紊乱《びんらん》ス是則《これすなわち》神経ノ全体総《すべ》テ崩壊スルナリ而シテ交合ヲ恣《ほしいまま》ニスルモ亦同ク僂麻質斯《レウマチズム》、神経病、癇癪、痙攣等諸疾病ノ原因トナル者ナリ少年ニシテ婚姻スル人ハ動《やや》モスレバ房事《ぼうじ》過度ナルヲ免レズ男子之カ為メニ健康ヲ害シ生涯ヲ不幸ニ送ル者多シ婦人ノ妄淫ハ其害手淫ノ甚キカ如クナラズ加之《これにくわえ》多淫ノ婦トイヘドモ自ラ柔順ノ徳アリテ寧《むし》ロ理ニ背キ手淫ヲ行フテ其慾ヲ緩《ゆる》ブルモ敢テ其夫ニ訴フルニ実ヲ以テ交合ヲ挑ムハ倣《な》シ得ザル所ナリ

漢文調であるため、現在の私たちにはかなり読みにくい。原典には漢字にルビがほとんどふられておらず、難しい字が少なくない。ちなみに英語の原文を参考資料1として本章末に示すが、最初の数文を読んでみるだけでも、千葉繁がかなり正確にAshtonの原文を和訳していることが窺えるはずだ。

翌年、『造化機論』を漢字ひらがな文、ルビつきで、一般向けにわかりやすく翻訳し直して出版されたのが『通俗造化機論』である。著者、翻訳者、出版者の記載に変化はない。価格は六五銭。明治八年のものよりも多少安価になった。そして文体は以下のように変化する。

第九條　淫欲《いんよく》を過《すご》して後《のち》に害《がい》ある論《ろん》

手《しゅ》《セン》淫《いん》《ズリ》の天理《てんり》に背《そむ》きたる所為《しわざ》にして精力《せいりよく》と健康《けんかう》を傷《やぶ》ることは世《よ》の青年輩《わかきひとびと》も普《あまね》く識《し》る所《ところ》なるべければ今更我輩《いまさらわれ〳〵》が訓戒《いましめ》を待《ま》つに及《およ》ばざれども陰具《まへのもの》を玩弄《もてあそび》にしたる後來《のち〳〵》の禍害《わざはひ》に至《いた》りては兼《かね》て心得置《こころえお》くこと肝要《かんやう》なるべし故《ゆえ》に聊《いささ》か其害《そのがい》の模様《もやう》を示《しめ》すこと左《さ》の如《ごと》し

手淫《しゅいん》によりて起《おこ》る害《がい》は首《おも》に脊髄《せきずい》の後部《うしろのかた》を傷《いた》め夫《それ》より労症《らうせう》に似《に》よりたる病《やまひ》となり熱気《ねつき》も無《な》く食《しよく》事《じ》も常《つね》の如《ごと》くなれどもただ何となくぶらぶらして支體《からだ》がだんだんと衰《おとろ》へ糸《いと》のやうに瘦瘠《やせひごけ》て遂《つひ》には命《いのち》を落《おと》すものなり婦人《ふじん》の此症《このせう》に罹《かか》るものは虫《むし》などが背骨《せぼね》を跛下《はひおり》る如《ごと》き心持《こころもち》を覚《おぼ》え男子《なんし》は精液《せいえき》と尿水《せうべん》を一所《いつしよ》に泄《も》らし両耳鳴《りようみみな》り眼《まなこ》かすみて遠方《とほく》の物見《ものみ》え難《がた》く智慧《ちえ》分別《ふんべつ》工夫《くふう》記憶《ものおぼえ》とも悉《ことごと》く紊《みだ》れて聚《まと》まらず是《こ》れ皆《み》な総体《すべて》の神経《しんけい》を打壊《うちこは》して仕舞《しま》ふが故《ゆえ》なり実《じつ》に人間《にんげん》の恐《おそ》るべき禍害《わざはひ》は手淫《しゅいん》の右《みぎ》に出《いづ》るもの無《な》かるべし

ほぼすべての漢字にルビがふってあり、専門家でない一般の人にも読みやすいような工夫がこらされている。この引用部分に書いてあることは、近代欧米で流行していたオナニー有害論のひとつの典型である。アメリカの当時の状況に言及しつつ、オナニーが「精力と健康を傷《やぶ》る」ことはすでに若者によく知られているとされている。近代日本におけるオナニー言説の画期となるような言葉の群れであり、オナニーの有害性の強調は、これ以降の造化機論系のテクストのほとんどに共通する特徴である。

ただしオナニーの有害性を根拠づける論理には、後続するテクストとはやや異なる特色がある。

第一に、オナニーの有害性は過度のセックスの有害性と同等とされている。たとえばすでにみたように第一條では「年少者が手淫を学んで、それに耽ったり、若くして女性とセックスすると、陰茎の成長が妨げられる」という意味のことが書いてあるのだが（二五―六頁）、オナニーを頻繁に行うことと若い頃から女性とセックスすることとは、行為として質の違いがあるわけではなく、あくまでそれらが濫《みだ》りになるから有害だという論理をとっている。

第二に、オナニーの害としては「精力ヲ傷リ健康ヲ賊《ぞく》ス」、すなわち身体や健康への害が強調されている。労瘵《ろうさい》（肺結核）、衰弱、耳鳴り、近眼、才能の衰え、リウマチ、神経病、癇癪《かんしゃく》、痙《けい》攣《れん》などさまざまな害が強調されるが、精神への害は後続する造化機論系のテクストほどには強調されていない。

第三に、女性よりも男性のオナニーの害が強調されている。女性の妄想の害は手淫ほどではなく、性欲の強い女性であっても柔順の徳を有しており、夫に自分の欲求を訴えるより理に背いたオナニーを行うというのである。[6] それゆえ過度になるのは男性だけ（過度ノ患《わざわ》ハ総《すべ》テ男子ニアリ）というのである。そのため「男性が知能を守り、健康を保ち、気力を養い、記憶を保持し、近眼にならず、老後に楽しみを求めたいなら、セックスを抑制し、女性に近づいてはいけない。一週間に一度のセックスが適度で、二回以上になると必ず害がある」[7]ということになる。セックスを適度に節制し、一週間に一度で十分だとする発想は、貝原益軒の『養生訓』（一七一三）にも通じており、日本でも古来より広く知られた考え方だった。

もちろん手淫の害を強調する言説が『造化機論』をもって本邦初というわけではない。ほぼ一〇〇年前、安永三（一七七四）年に翻訳された『解体新書』にはオナニーに関する記述は存在しない。しかし蘭学系統では、大坂で適塾を率いた緒方洪庵《おがたこうあん》（一八一〇〜一八六三）がベルリン大学教授フーフェランドのオランダ語訳本を和訳し、安政四（一八五七）年に出版した『扶氏《ふし》経験遺訓』全三〇巻のなかに、「手淫」という言葉は二〇箇所以上にわたり使用されている。そこで手淫は過房（房事過度）とならんで遷延熱、卵巣焮衝、神経病、精神錯乱、ヒポコンドデル（ヒステリ）、癲癇《てんかん》、花風（性欲亢進）、局所麻痺、陽精無力（インポテンツ）、虚労、神経労、脊髄労、遺精、萎黄病《いおうびょう》（鉄欠乏性の貧血）、経血過泄、白帯下《はくたいげ》（女性器からの分泌物の白色化）などの原因になるとされる。[8] さらに明治五（一八七二）年、洪庵の次男・緒方惟準《これよし》が陸軍軍医時代に刊行した『衛生新論』でも「手淫の害は過度のセックスよりも大きい。手淫では十分の欲情を遂げることができないので、却《かえ》って欲情を催し、想像力を逞《たくま》しくして、慚愧《ざんき》の念が生じてきて早晩、鬱憂病

6——原文は「婦人ノ妄淫ハ其害手淫ノ甚キカ如クナラズ」、「多淫ノ婦トイヘドモ自ラ柔順ノ徳アリテ寧ロ理ニ背キ手淫ヲ行フテ其慾ヲ緩ブルモ敢テ其夫ニ訴フルニ実ヲ以シ交合ヲ挑ムハ倣シ得ザル所ナリ」。

7——原文は「男子若シ優ニ知能ヲ護シ好ク健康ヲ保チ気力ヲ養ナヒ記憶ヲ存シ眼力ヲ全ウシ老後ノ楽ヲ留メント欲セバ房事ヲ節シ屢婦人ニ近ツクコト忽カレ一週間ニ一度ノ交媾ヲ十分ノ適度トス二度以上ニ至レバ必ズ害アリ」。

8——緒方洪庵訳『扶氏経験遺訓』私家版、一八五七年。

になる」[9]として、手淫の害は過度のセックスよりも大きく、鬱憂病など精神にも害があるというのだ。[10]

『造化機論』における手淫の害の強調を、こうしたオランダ医学の系譜に置き直すことも可能ではある。そもそも手淫という言葉自体が『扶氏経験遺訓』からの借り物だからだ。ただし『扶氏経験遺訓』や『衛生新論』はあくまで蘭方医向けの専門書である。オナニーの害を市井の人に向けて説いたテクストとしては、やはり千葉繁の『造化機論』が与えた影響力は圧倒的といわざるをえない。

## 三種の電気説

他方、千葉繁が明治一一（一八七八）年に刊行した『通俗造化機論二篇』では、当時の日本人にとって未知で奇異な性知識が紹介されている。「交合の快楽は電気に基く」という「三種の電気説」である。それによると人間がセックスする際に人身電気、舎密《せいみ》（化学）電気、摩擦電気という三種類の電気が発生する。人身電気は男女の陰部に発生するが、男性は積極的、女性は消極的であり、両者が異なるがゆえに交合の快美は増大するという。舎密電気は男女の陰陽から発生する酸性物と塩基性物であり、この性質ゆえに交合の快美が生まれるという。しかし単身独楽（＝オナニー）のときにはただ一種類の電気（摩擦電気）しか発生しない。ゆえに神経の疲労が甚だしく、「セックスと手淫の利害損益が異なるのは、全くこの一つが原因である」[11]というのである。
いうまでもなく男女がセックスする際に三種の電気が発生するというのは、現代の知的常識からすれば「トンデモ科学」に過ぎない。しかしここで注意したいのは、このような「科学的」理論によって、オナニーと男女のセックスが質的に異なる行為として意味づけ直されていることである。摩擦電気は三種類の電気のうち一種類しか発生しないから、オナニーは男女のセックスよりも害があるというなら、当然のことながら、男性だけでなく女性にも害が及ぶことになる。そしてオナニーの害悪は身体のみならず、精神にも及ぶ。千葉繁が『通俗造化機論二篇』を刊行するのとほぼ同時期に、片山平三郎という人物が抄訳したエドワード・フートの『小児のわるくせ』でも、「この悪習の害が現れるのは徐々にであるが、神経系を毀損し、清血を腐敗し、終に様々な異質の疾病の原因になり、多くの場合は結核、心気の衰え、精神病などとなる」[12]としている。[13]
米国の社会学者であり、性の歴史研究家でもあるスティーヴン・サイドマンによると、[14]三種の

9――原文は「手淫ノ害ハ過度ノ交合ヨリモ尚太甚シ何者是ニ由テ十分欲情ヲ遂ケス却テ之カ為ニ頻々其情ヲ催シ想像力ヲ逞フシ且ツ慙愧ノ心作ツテ早晩必ズ鬱憂病ヲ致セハナリ」。
10――緒方惟準『衛生新論』私家版、一八七二年、一九―二〇頁。
11――原文は「交合と手淫と利害損益の相分るるは全く此の一事にあるべし」。
12――原文は「一体此悪習の害を顕はすこと徐々なれども、神経系を毀損ひ、清血を腐敗し終に種々なる異質の疾病を醸すものなるが、多く其の通常なるものは、労瘵と心気の衰え、癲狂等なり」。
13――エドワード・フート『小児のわるくせ』片山平三郎、一八七八年、二三頁。

電気説は一九世紀アメリカの性医学に特有の知識であり、James Ashton の *The Book of Nature*（1870）、Edward Bliss Foote の *Plain Home Talk*（1891）、Frederick Hollick の *The Marriage Guide, or Natural History of Generation*（1885）、Orson Squire Fowler の *Love and Parentage*（1855）などの著作に、男女の間に働く「動物的磁気作用」とか「男性には女性の磁気作用が必要」といった言説が興隆していた。[15] 二〇世紀を待たずしてこれらの言説は廃《すた》れていく。しかし明治初頭の日本ではこの知識は舶来の知、文明開化の医学知識として受容すべき言説であり、セックスとオナニーを別種の行為として考えるきっかけともなった。オナニー有害論と三種の電気説は、明治期の造化機論系のテクストに共有される二大特徴といってよい。

さてこの『通俗造化機論二篇』、同『三篇』の原著者は「米国　エドワルド、フート」と記されている。これは一九世紀の中頃から医師、そして「言論の自由連盟」の創設者にして自由思想家として活躍した Edward Bliss Foote（1829-1906）のことである。一八五〇年に刊行され、夫婦向けに避妊の方法を説いた *Medical Common Sense* という医学書は一九〇〇年までに二五万部以上売れたという。[16]

では千葉繁がこの二書を翻訳する際に参照したテクストは、一八五〇年に刊行された *Medical Common Sense* なのであろうか。残念ながら、このテクストがいま手許にない。しかし近年は便利なことに Google Books というサイトで検索すると、いくつかの版を確認できる。ここでは一八六四年に刊行された拡大改訂版と、一八七〇年に刊行された改訂第三版[17]との比較を通して、どの版のどこを抄訳したのか推測を試みたい。

まず『通俗造化機論二篇』の冒頭、著者エドワード・フートの肖像（図2—2）として用いられているのは一八七〇年版のものである（図2—1）。さらに『通俗造化機論三篇』に「不和の夫婦」という章があり、*Medical Common Sense* の PartI、"Unhappy Marriage" の部分が訳されているが、ここに登場する「不和の夫婦」（図2—3）は一八六四年版には存在せず、一八七〇年版に登場する（図2—4）。したがって千葉繁が直接参照したのは一八六四年版以降のものであることは確実である。厳密にいえば一八六四年から七〇年の間に改訂版が出ている可能性がなくはないが、とりあえず一八七〇年の第三版以降のどれかを千葉は参照したと考えられる。ちなみに両

図2-1　*Medical Common Sense*（1870）ウラ表紙より

図2-2　『通俗造化機論二篇』冒頭より

図2-3　不和の夫婦（『通俗造化機論三篇』より）

図2-4　*Medical Common Sense*（1870）

書で抄訳された部分を一八七〇年版と対照すると、すべての部分がこのなかに存在しているので、千葉は一八七〇年版を参照した可能性も高い。

千葉は英文で九〇〇〇頁をこえる大著のうち、ほんのわずかな部分だけを訳している。*The Book of Nature* からの翻訳が、原著の忠実な再構成であるのに対して、*Medical Common Sense* からの抄訳はかなり自由で、特に規則性もない。したがって『二篇』『三篇』に翻訳されている事柄に対して、千葉繁自身が強い関心を有していたと考えることができる。[18]

ちなみにフートの *Medical Common Sense* は、先に述べた片山平三郎が刊行した『造化秘事《ひめごと》』（著者は「米国扶徳氏」と記される）や『小児のわるくせ』（明治一一年六月一一日版権免許）でも、翻訳の素材として使われていた。『小児のわるくせ』で抄訳された箇所は一八七〇年版の“Bad Habits of Children and Youth”の部分である。千葉繁が参照した版と厳密に同じかどうかは不明だが、片山が注目したのはすべて手淫という「わるくせ」についての警句であった。「静岡県士族」という肩書のある片山平三郎も来歴不明の謎の人物だが（木本至氏は「旧幕臣」と述べている）[19]、『英華学芸辞書』（矢田堀鴻訳、一八八一）という辞書、『窮理地学初歩』（青山丑三郎編、一八七七）、『地文学初歩字引大全』（錦森堂、一八八一）などの教科書の出版人であったり、スウィフトの『ガリバー旅行記』の最初の翻訳とされる『鵞瓈皤児《ガリバー》回島記』（一八八〇）、『小学筆算題集』（一八八四）、『経済夜話』（一八八五）、『採鉱学全書』（工学通信部、一八九八）などの翻訳者となっている。英語に通暁し、手広く教科書やガイド的な書物の翻訳・出版に関わった人物といえよう。

片山は明治一一（一八七八）年にやはりフートの『子そだて草一名・両親の心得』、同一二（一

14——スティーヴン・サイドマン『アメリカ人の愛し方』椎野信雄訳、勁草書房、一九九五年。

15——*Plain Home Talk*（1891）は*Medical Common Sense*（1850）とほぼ同内容である。Frederick Hollickの*The Marriage Guide*（1885）は『通俗造化起原史一名婚姻之導』（米国哈栗克原著、森谷重次郎翻訳、一八七九［ただし一八七五年の翻訳］）、Orson Squire Fowlerの*Love and Parentage*（1855）は『男女之義務』（米国発烏羅原撰、橋爪貫一抄訳、一八七九）の原著と考えられる。

16——サイドマン、前掲書、四三頁。

17——正式な書名は〝MEDICAL COMMON SENSE; APPLIED TO THE CAUSES, PREVENTION, AND CURE OF CHRONIC DISEASES; AND Plain Home Talk ABOUT THE SEXUAL ORGANS; THE NATURAL RELATIONS OF THE SEXES; SOCIETY CIVILIZATION; AND MARRIAGE.〟（Third Revised and Enlarged Edition）

18——もっとも『通俗造化機論』と内容的に重複する項目や記述を避けた可能性はある。

19——宮地正人『幕末維新期の社会的政治史研究』（岩波書店、一九九九年）第一〇章「廃藩置県後の静岡県士族の動向」によると、旧静岡藩士族・志村源一郎の次男、志村力（一八五七〜?・?）が沼津で入学した私塾で、片山平三郎が明治三（一八七〇）年五月から一〇月にかけて五経素読の教育や算術の稽古を行っていた（四四二—三頁）。同姓同名の可能性もあるが、ここでは木本至氏の片山平三郎＝旧幕臣説にしたがう。

八七九）年に『男女淫慾論』（初篇・上下、二篇・上下、続編の五冊）を翻訳しているが、内容は『造化秘事』とほぼ同じである。まずはフートのような「オナニー有害論」と「三種の電気説」という、かなり特徴のある性に関する書物を刊行することで出版人としての基盤を作り、そこから教科書を中心とする多方面の翻訳出版に展開していったようにみえる。

## 陸続と刊行された造化機論系テクスト

『造化機論』の刊行以降、雨後《うご》の筍《たけのこ》のごとく「造化（機）」「男女」「交合」「生殖器」「性理」「夫婦」などの語を冠する造化機論系というべきテクスト群が、明治期を通して刊行される。『造化機論』の刊行後わずか五年に限っても、主要なものとして以下の書物が確認できる。[20]

一八七六年　『造化秘事（乾・坤）』（米国熱児弾原《ジョルダン》撰、片山平三郎訳述）
一八七七年　『男女交合論』（桑原徳勝）
一八七八年　『通俗男女自衛論』（独逸博士列篤干原《レタウ》著、三宅虎太訳述、読売新聞社）
『婦女性理一代鑑第一編処女部』『同　第二編妻女部』『同　第三編慈母編』（堀誠太郎訳）
『通俗造化機病論』（墺国博士ツァイセル氏、独逸医官クンチェ氏著、藤井壽詮訳）
『通俗生殖器論』（米国哈璽保耳内《ハーストホールン》氏著、長谷川竹葉抄訳）

一八七九年　『造化妙妙奇談』（宮崎柳條編）
『造化繁殖演義図説』（富沢春淇訳、北川堂）
『男女之義務』（米国発烏羅《ファウラー》原撰、橋爪貫一抄訳、玉山堂）
『通俗造化生殖論』（仏国マイヨー氏演述、本田省三筆記）
『造化生生新論』（エルトン述、古矢嘉満子記、田代基徳閲、正栄堂）

一八八〇年　『通俗造化起原史一名婚姻之導』（米国大医哈黎克《ホーリック》氏原著、森谷重次郎訳義、著訳堂）
『男女器械のわけ』（米国哈璽保耳内《ハーストホールン》原撰、味岡弥助抄訳、延寿堂）
『懐妊避妊自由自在』（平野助三編輯）
『造化玉手箱』（山野重徳著）

このうち洋書からの翻訳ではなく、純粋に日本人の著者が書いたと確認できるのは、『男女友合論』、『造化妙妙奇談』（宮崎柳條編）、『懐妊避妊自由自在』（平野助三編輯）、『造化玉手箱』（山野重徳著）などである。しかしそれ以外は大半が翻訳である。原著者の国籍は米国、英国、仏国、独国、墺国《オーストリア》と多様化し、欧米全体へと広がっている。読売新聞がドイツの医学者レタウの著作を出版していたり、橋爪貫一や望月誠のように明治期のジャーナリズムで活躍した者も翻訳者や

20——石川一孝氏の調査により、他にオリジナルの存在する異本であることが判明しているものは省いた。

出版者として名を連ねている。これら造化機論系のテクストの全貌は石川一孝氏によってほぼ明らかになったが、それにしても膨大な書物群である。

これら造化機論は当時の人々にどのように受け取られたか。松山巖氏（一九四五～　）が紹介する明治一一（一八七八）年七月一三日の『かなよみ新聞』の記事は示唆的である。

造化機論の流行は実に驚くほどで、開不開を問はず、猫でも狐でも大分読《よむ》ようで有りますが、此流行を当込《あてこん》で、神田鍋町の絵双紙屋清水嘉兵衛は、基本の絵の、ソレ何の真向《まむき》の所を出し、見勢《みせ》へ飾つて売てゐたので、其筋へ拘引の上説諭されたといひますが、物は真向でも主人の心は造化機論の意《い》を取《と》り違《ちが》へ、昔《むか》しの春画同様に心得てゐたのは、余ッ程横向《よこむき》だ。[21]

造化機論の流行は「実に驚くほど」で、誰でも読んでいるが、中には「造化機論の意を取り違へ、昔しの春画同様に心得て」いた。中身は真面目な性科学の書であっても、かつての春画や、現代のポルノグラフィと同様に使われた可能性があるというのだ。さらに立川昭二氏（一九二七～　）の名著『明治医事往来』[22]では「女学校、造化機論は卒業後」という明治二一（一八八八）年の川柳が紹介されている。つまり女学校を卒業した若い女性の間でさえ造化機論は密かに読まれていたというわけで、老若男女に読まれていたことが示唆されている。[23]

千葉繁は、これら造化機論系のテクストを産みだしたパイオニア的存在といえる。いったい彼はどのような人生を歩んだ結果として、『造化機論』の刊行に行き着いたのであろうか。果たしてそれは彼にとって望ましい事態だったのか、それとも止むに止まれぬ選択だったのか。現状では何もわからない。これから、千葉繁が翻訳した『造化機論』四冊に含まれたわずかな手がかりを頼りに、彼の人生を追いかけ、再構成してみたい。そこからは幕末から明治初頭の激動を駆け抜けた、ひとりの性科学者の生きざまとともに、彼に、おそらくは苦渋を含めたさまざまな選択を強いた、社会と歴史のありようが浮かび上がってくるにちがいない。

21——松山巌『うわさの遠近法』青土社、一九九三年、六四—六五頁。
22——立川昭二『明治医事往来』新潮社、一九八六年、二〇三頁。
23——もっともあくまで川柳なので、事実を伝えているかどうかは怪しいが。

参考資料1 *The Book of Nature,* Chapter.9の冒頭

RESULTS OF SEXUAL ABUSES.

It was not our intention in this work to speak of Onanism and Masturbation. These unnatural practices are so generally known to be destructive to the sexual powers, and of health, that young people scarcely need advice on the subject. But it may be interesting to know the results of such practices, and of the abuse of the sexual organs by over indulgence. Some constitutions experience a sort of consumption which arises from the dorsal portion of the spinal marrow. No fever accompanies it, the appetite continues good, but the patient gradually wastes away. Women thus affected describe a crawling sensation down the spine. Men lose their seminal fluid in their urine, having a ringing in the ears, a weakness of vision, nearsightedness, and their intellectual capacities are weakened and confused. In short, the whole nervous system is generally prostrated. Excess of venery is likewise the first exciting cause of many painful diseases, such as rheumatism, neuralgia, epilepsy, convulsions, etc. Young married people are apt to indulge too much in sexual intercourse, and many a man-lives a lives a life of misery from ill health originated in this manner.

# 第3章

# 千葉繁というミステリー

ここからはいよいよ、『造化機論』を訳述した千葉繁という人物の謎に迫っていく。筆者はセクシュアリティの歴史社会学や、歴史的言説の分析を名乗って仕事をしてきた。しかし恥ずかしながら、正統な歴史学の手法や作法にはうとい。古文書もほとんど読めないし、さまざまな人物情報の探し方もわからない。歴史学者からみればほとんど徒手空拳《としゅくうけん》で、千葉繁というミステリーに取り組んでいるにすぎない。そこで本章と次章では、素人が素人なりに千葉繁の謎への近接を試みた日々を、一種のルポルタージュのつもりで報告したい。事実を淡々と記述する歴史学のスタイルとはずいぶん異なるが、しばらくおつきあい願いたい。

## 千葉繁は千葉欽哉だった

平成一六（二〇〇四）年一〇月、筆者がまだ信州大学人文学部で禄《ろく》を食《は》んでいた頃のことである。同じ学部の同僚で、かねてから親しくおつきあいさせていただき、かつては授業にもぐり込んだこともある近世史の山本英二・助教授（当時。現在は教授）に、思い切って千葉繁の探し方について相談してみた。するとあっさり山本先生から返信を頂戴した。そのメールには、国立公文書館の公文書検索サブシステム[1]を検索したら、次の記事をみつけたと書いてくださっていた。実際にのぞいてみると、その中身はこうだった。

簿冊標題：太政類典・外編・明治四年―明治十年・保民・戸籍・衛生・救済・警察

移管省庁：内閣・総理府
作成部局：太政官
作成年月日：明治四—明治一〇
（省略）
件名：神奈川県十一等出仕千葉繁通称欽哉ヲ廃ス
作成部局：太政官
作成年月日：明治六年〇九月二四日

山本氏によると、明治六年までは千葉繁は「千葉欽哉《ちばきんや》」だった可能性がある。そして『太政類典』は公文書館で簡単にみられるという。喜びいさんだ筆者は数週間後、松本市から特急あずさに乗って、皇居にほど近い地下鉄・竹橋駅近くにある国立公文書館に向かった。そして当該の文書を請求して、コピーして持ち帰った。Ａ４でわずか二枚の簡潔な文書だが、千葉欽哉が神奈川県に宛てた部分には、おおむね次のようなことが書いてあった。[2]

大意：私・千葉欽哉は、昨年の壬申《じんしん》（明治）五年まで通称・欽哉、実名は繁でしたが、同月一

1——http://www2.archives.go.jp/index.html, 現在は閉鎖し、国立公文書館デジタルアーカイブに移行。

○日以後、名前を一つにしろという御布告が出ましたので、実名のほうに改めました。そのことを特に届け出ていなかったのですが、神奈川県からは欽哉でお届けになったと承知しておりました。しかし本貫《ほんがん》（本籍地）の庁ではすべて繁で届けてありますので、名前が二つになるのは不都合です。したがって今後は繁の字に改めてくださいますようお願い申し上げます。九月二四日

つまり明治五（一八七二）年まで千葉は通称・欽哉、実名・繁であったが、実名に統一すべしという方針が出た。しかし神奈川県には「欽哉」で、本貫の庁には「繁」で届けており、不都合になってきたので、今後は「繁」に統一したいという。これが山本氏のいう、「明治六年まで、千葉繁は千葉欽哉だった可能性がある」という言葉の意味である。

「神奈川県士族の千葉繁が神奈川県庁に届け出ている以上、これは『造化機論』の千葉繁に間違いない。また文書の標題に「神奈川県十一等出仕」という肩書がついているということは、千葉繁は神奈川県庁に勤務していたことがあるのではないか……」――これが当時、筆者に可能だった推測のすべてだ。

山本氏のおかげで、千葉繁研究は一気に進展するかに思われた。しかしここからさらに六年以上も雌伏のときを過ごすことになった。というのも千葉という姓を有する人の数は数えきれない。しかも、かつては戦国大名だったこともある由緒ある名字でもある。たとえば「房総半島に栄え

図3-1　「横浜伊勢山町四十五番地」近辺（『改正横濱分見地図 全』より）

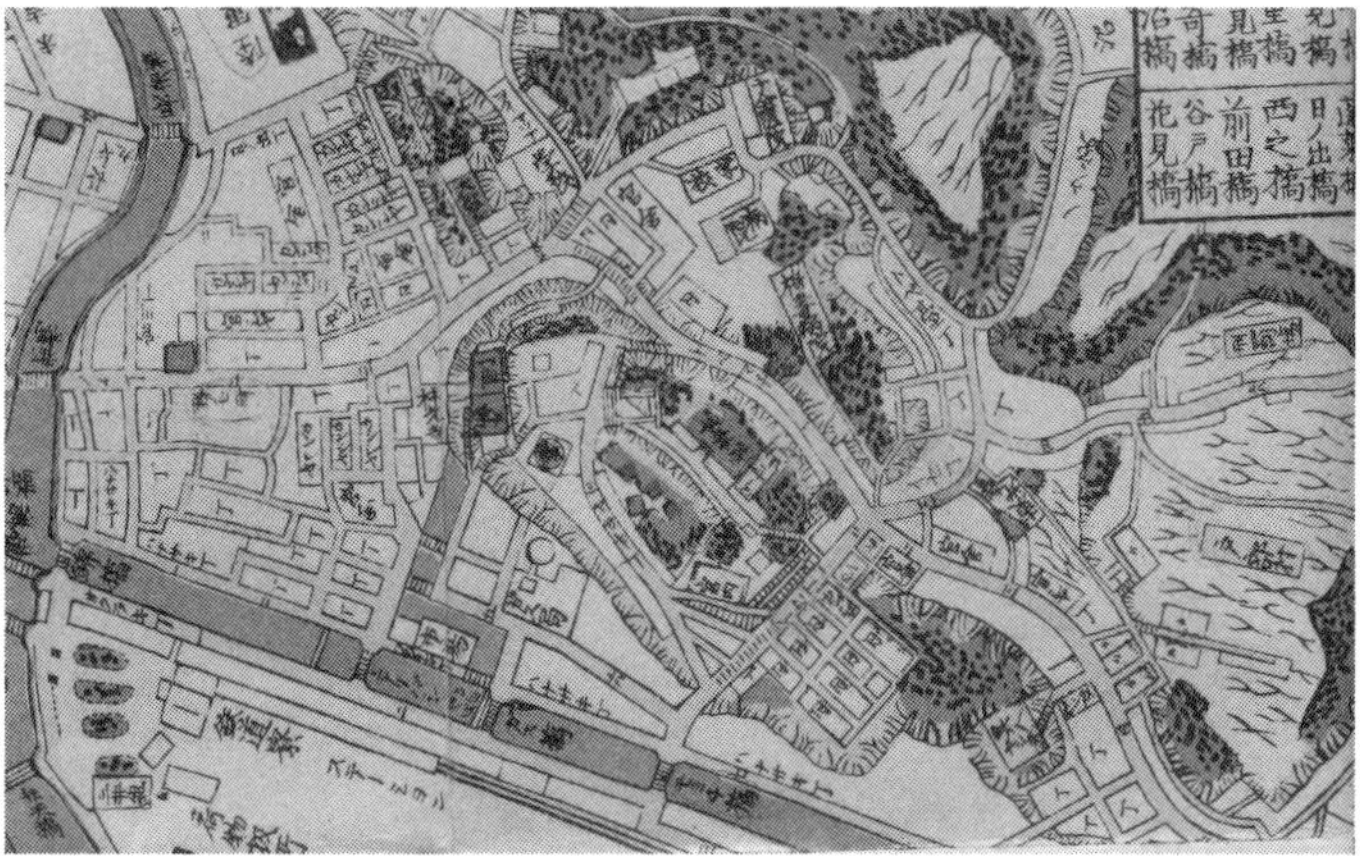

た桓武天皇の末裔」という標題をもつ「千葉一族」のウェブサイト[3]をみると、千葉一族にはいくつもの系統があり、おそらく何万人もの「千葉さん」がいる。にもかかわらず、ここにも千葉繁の痕跡を示す情報は現時点では存在しないのだ。

　やむにやまれず、『造化機論』の奥付にある「横浜伊勢山町四十五番地」を横浜の古地図で探してみたこともある。たとえば『改正横濱分見地図　全』によれば、「横浜伊勢山町四十五番地」は、現在の伊勢山皇大神（住所・横浜市西区宮崎町六四）の近辺、ＪＲ東日本・桜木町駅から徒歩およそ一〇分の丘陵の上である[4]（図３―１）。そのあたりを散策しながら、「千葉繁も一二〇年前に、このあたりに住み、この丘から横浜の港を眺望したはずだ」などと感慨に耽ったのであった。

　また横浜開港資料館で何かめぼしい史料はないか漁《あさ》ったこともある。しかしやみくもに当たるだけでは、やがて限界につきあたる。筆者が東京に転任してからは、相談できる人もおらず、空しくときを過ごすばかりであった。

しかし「待てば海路の日和あり」というべきか、転機は突然、訪れた。筆者には大学生の頃から、飲酒などを通して気軽におつきあいいただいている友人がいる。かつて東京大学文学部国史学科研究室（現在の日本史研究室）に所属し、近世史の泰斗《たいと》・吉田伸之氏のもとで卒業論文を書き、現在、朝日新聞社に勤務する中島一仁氏である。平成一八（二〇〇六）年に東京に戻ってきた筆者は、当時やはり東京勤務であった中島氏と、一年に一、二度、飲み会を再開するようになった。利害の絡まない、ただの友人に戻れる相手は、筆者くらいの年齢になると貴重である。そんなわけで、年に一度か二度の飲み会を心待ちにしていた。

平成二三（二〇一一）年一〇月、とある居酒屋で久しぶりに旧交を温めた。彼は近年、日本で三番目にプロテスタントの洗礼を受けたある幕末藩士の人生に興味を持ち、古文書の読解を再開したとのことであった。[5] 話が途切れたところで、筆者はふと思い出したように、千葉繁のことを語り始めていた。すると中島氏も同じような作業をこのところ精力的にこなしているせいか、国立公文書館で神奈川県の官員履歴を「めくり」で検索することを勧められたのだった。十一等出仕ならば、当然、神奈川県庁勤めの宮仕え、官僚である。そのような人物であれば、神奈川県庁の官員録（職員録）に掲載されているかもしれない、というのである。

## 千葉繁は神奈川県の公務員だった

そのアドバイスを受けた筆者は数日後、わずかな暇をみつけて、再び公文書館を訪れた。当館でみられるデジタル・アーカイブで検索すると、明治初頭から一〇年代までの、神奈川県の官員履歴がたしかに存在した。筆者はそれをひたすら「めくった」。

何冊目であったろうか、目もそろそろ疲れてきたころ、『神奈川県史　付録　旧官員履歴書』（明治元年四月廿日ヨリ十年一月十五日マテ）に、ついに「千葉繁」の文字を発見した。「息をのむ」というのは、まさにこのことをいうのであろう。筆者は跳び上がらんばかりに（心中）欣喜《きんき》雀躍《じゃくやく》した。そこには次のように書いてあった。

2――原文は以下の通り。

「　千葉欽哉願　神奈川県宛

私儀昨壬申五月迄通称欽哉実名繁ニ有之候処同月十日以後可為一名旨御布告ニ付実名ノ方ニ相改候儀ノ処其節別段御届不仕候ニ付当御県ヨリハ其御筋へ矢張欽哉ヲ以御届相成候趣承知仕候然ル処本貫ノ庁ヘハ総テ繁ヲ以諸御届仕来候事故自然両名ニ相成不都合ニ候間以来繁ノ字ニ御改被下度此段奉願候以上　九月二十四日編」

なお旧字体は現代漢字に改めた。以下、同様。

3――http://members.jcom.home.ne.jp/bamen/index.htm（二〇一四年五月二日検索）。

4――尾崎富五郎『改正横濱分見地図　全』一八七七年。

5――これ自体たいへん興味深い研究テーマであり、先日、中島一仁「幕末期プロテスタント受洗者の研究――佐賀藩士・綾部幸熙の事例にみる」（『佐賀大学地域学歴史文化センター研究紀要』第八号、二〇一四年、三一―四三頁）が発表された。

判任部
中属四等属　相当
三等訳官

木更津県貫属士族　元鶴舞県　旧名　欽哉
千葉繁　壬申三十九歳
明治五年壬申四月晦日
一　神奈川県十四等出仕申付候事　（大意）神奈川県十四等出仕を申付ける
同六年八月廿八日
一　補同県十等出仕　上等月給下賜候事　（大意）同県十等出仕、上等月給を下賜《かし》する
同八年十月廿二日
一　雇ニ転ス　（大意）雇に転じる
満三ヶ年以上奉職ニ付月給一ヶ月半分下賜　（大意）満三年以上奉職したので月給一・五カ月を下賜

こんな、ほんの数行の行政文書のなかに、これまで探しても探しても、みつからなかった情報

が積もりに積もっている。隣に人がいなければ、筆者はきっと落涙していたであろう。

それはさておき、ここから何を読み取るべきか。まず、ここに登場する千葉繁（旧名・欽哉）が、明治六年に通称・欽哉を廃して繁を名乗った、神奈川県十一等出仕の千葉繁であることは間違いない。ならばこの千葉繁（旧名・欽哉）は、明治八年に『造化機論』を翻訳・出版した「神奈川県士族」の千葉繁と同一人物といえるかどうか。

早合点が得意な筆者にしてみれば、ここで早速「間違いない！」と親指を立てたくなるところである。だが論理的に考えれば、千葉繁という人物が明治五―八年にかけて、二人以上存在した可能性が一〇〇％存在しないとはいえない。あるいは『造化機論』の千葉繁が偽名だった可能性もないとはいえない。

ただしここで重要なのは、千葉繁という人物が、明治五（一八七二）年四月一日に神奈川県・判任部（下級官史の部署）に十四等出仕として三年間勤務し、明治八（一八七五）年一〇月二二日に「雇ニ転ス」という事実である。ちなみに「やとい＝雇・傭」とは「官庁などで、任官していない臨時の職員」のことを意味する。[6]「雇ニ転ス」とは、一種の人員整理により、正規雇用から非正規雇用に身分変更が行われたという意味であろう。非正規雇用に転じた代償として、このとき千葉繁は一・五カ月分の給料を受け取っている。

6――小学館国語辞典編集部『日本国語大辞典』第二版、一三巻、二〇〇六年、一五三頁。

他方『造化機論』初版の奥付によれば、この年の一一月、千葉繁は版権免許を得ている。ちなみに明治八（一八七五）年九月に出版条例が改正布告されると、本を出版したい者は版権許可をとらねばならなくなった。木本至氏によれば、『造化機論』の千葉繁も内務省に左記のような出版届を提出したはずだという。[7] 四～五行目の「右ハ」で始まる文の大意は、「右はX年アメリカ合衆国ゼームス・アストン氏著の、造化の神秘を論述した原著を私が翻訳致しました。一切条例に背くことはありませんので、このたび出版致したくお届け申し上げます。版権免許をお願い申し上げます」といったところである。

出版版権御願

一　造化機論　　乾坤二冊

八年十一月出版

右ハX年アメリカ合衆国ゼームス・アストン氏著ノ造化ノ神秘ヲ論述セル原著ヲ私翻訳致シ、一切条例ニ背キ候儀無之候間今度出版致度、此段御届申上候也　猶版権免許奉願候也

八年十一月十二日　神奈川県

千葉　繁

横浜伊勢山町四五番地

内務卿大久保利通殿

神奈川県庁勤務の千葉繁が、事実上退職したのは明治八（一八七五）年一〇月二二日。『造化機論』の千葉繁が版権許可を得たのは同一一月一二日。約一カ月のタイムスパンがあるが、「雇ニ転ズ」という事実と『造化機論』の版権許可とは、時期的には見事に符合する。また図3―1の『改正横濱分見地図　全』で伊勢山神宮のあたりに目を凝らしてみると「官舎」、「カンシャ」の文字を多く発見できる。このあたりは官舎の密集する地帯だったようである。正確を期すために『横浜全図』（明治一七＝一八八四年）で確認すると、「横浜伊勢山町四十五番地」は神奈川奉行所跡、すなわち現在、神奈川県立図書館のすぐ西にある官舎のひとつである。[8] 図3―2は明治期に「伊勢山からみた関内」の写真であるが、千葉繁もこのような風景を日常的に目にしていたはずだ。ともあれ地理的にも神奈川県庁の千葉繁と『造化機論』の千葉繁は、きわめて近い場所にいる。

図3-2　伊勢山からみた関内

横浜開港資料館編『彩色アルバム　明治の日本』（有隣堂、1990年、23頁）より

　そのようなわけで、疑いだせばきりがないが、こ

れ以降『造化機論』の千葉繁は、神奈川県に勤務する公務員・千葉繁と同一人物であるとして話を進めていく。

推測になるが、千葉繁が「雇ニ転」じた一〇月二二日の時点では、『造化機論』の翻訳はほぼ完成の域に達していたのではなかろうか。売《う》り捌《さば》きを行う書林は日本橋二丁目の稲田佐兵衛であるが、そこで出版する目処《めど》もついていたと思われる。ただ「雇ニ転ズ」という事実と、『造化機論』の版権許可の因果関係まではわからない。『造化機論』の訳述が完成したから公務員の職を辞したのか、それとも公務員の職を半ば追われたから『造化機論』の刊行に走ったのか。これは本人に訊かない限りわからない。「どっちだったんだよ、千葉繁！」——筆者は、すでにこの世にはいない千葉に問いかけていた。

## 千葉繁は浜松藩に所属していた！

再び官員履歴の記載に戻ろう。さらに注目したいのは千葉繁が「壬申三十九歳」で、かつ木更津県（元・鶴舞県）の貫属《かんぞく》士族であったということである。ここで千葉繁の生年と出身藩が判明する。

まず「壬申三九歳」は、「壬申・明治五（一九七二）年に数え年で三十九歳」と解釈できる。すると天保五（一八三四）年生まれということになる。同年に生まれた著名人には福澤諭吉（一八三五〜一九〇一）、新撰組の近藤勇（一八三四〜一八六八）らがいる。また坂本龍馬（一八三六〜一八六七）は二歳年下。このような幕末有名人と千葉繁が同世代人であったということになる。特に福澤諭吉との比較は、今後も有用だと思われる。

つぎに木更津県（元・鶴舞県）は、現在の千葉県の前身にあたる。鶴舞県《つるまいけん》は、おそらく地元の人以外には、知る人ぞ知るマニアックな県だといってよいだろう。というのもそれは明治維新後、浜松藩から移封された鶴舞藩（一八六九年六月～一八七一年七月、当主・井上正直）が、廃藩置県に伴い鶴舞県となったものだからである。鶴舞県は現在の千葉県市原市鶴舞を中心とする地域であり、明治四（一八七一）年一一月に木更津県に統合され、わずか五カ月しか存在しなかった。千葉繁は鶴舞県の前身の鶴舞藩、すなわち浜松井上藩出身の士族ということになる。

これは筆者にとって、驚きの事実であった。というのも『造化機論』奥付の「神奈川県士族」という記述から、てっきり千葉繁は神奈川県、とりわけ横浜に生まれ育った人間だと考えていたからである。千葉繁が浜松藩から鶴舞藩を経て神奈川県庁にたどり着いたとは、まさに想定外であった。この知見に基づくならば、千葉繁が神奈川県に出仕した明治五（一八七二）年には満三八歳、『造化機論』を翻訳・出版した明治八（一八七五）年には満四一歳だったことになる。厚生労働省が公開している簡易生命表によると、少し下った明治二四～三一（一八九一～一八九八）年における男性の平均寿命（余命）は四二・八歳なので、[9] 明治期初頭を生きた人間としてはかな

7――木本至『オナニーと日本人』インタナルＫＫ、一九七六年、七〇頁。

8――現在はオフィスビルとなっている。

り「遅咲きの花」であったようにも思えてくる。それまでの間、千葉繁は一体何をしていたのか。あるいは、どういうふうに生業《なりわい》を営んでいたのか。謎はかえって深まっていく。

それはともかく。ここまでわかったら、次に何をすればよいのか。中島氏のアドバイスは明確であった。「分限帳《ぶげんちょう》をみろ」――これである。分限帳というのは、藩士・家臣団の名簿のようなものであり、多くの藩ではこの記録を残している。自分の家系のルーツ探しをする際にもよく使われる。藩によって分限帳の情報には疎密があるのだが、どこの藩の出身かがわかれば、次なる手段として分限帳を調べるのが常套手段であるらしい。

その翌日、さっそく中島氏から連絡があった。なんと彼は、過去に各藩の分限帳を収集したことがあり、手持ちの井上藩の分限帳のコピーのなかに、千葉繁の名前を発見したというのだ。

「すごい、すごすぎるぞ……」筆者は思わず唸《うな》った。

興奮をおさめて、少し整理していうと、こういうことだ。鶴舞藩（浜松藩）井上家については一九六〇年代以降、南総郷土文化研究会による精力的な史料収集が行われていた。現存するだけでも『南総郷土文化研究会叢書』上で一〇冊の分限帳を活字で読むことができる。[10] 同会の小幡重康氏は『市原市史・下巻』（一九八二）の「鶴舞藩」の項目を分担執筆しているが、それによると井上藩の歴代の記録、古文書類、宝物類は一九三〇年代の失火により灰燼《かいじん》と化し、分限帳にしても完全なものは残っていない。特に年代の古いものは上級藩士に限られ、全藩士を含んでいないという。[11]

したがって分限帳を全藩士が記載されたものとして扱うことはできない。しかしこの一〇冊の分限帳を記載した『南総郷土文化研究会叢書』は、千葉県立中央図書館で閲覧することができる。中島氏の導きにより、筆者は同図書館に向かい、そのすべてをチェックした。すると一〇冊のうち時期が遅い四冊の中から、千葉繁（欽哉）と関連すると思われる人物の記載を発見できたのである。これも跳び上がらんばかりの大発見だ。

実は静岡県・浜松では、江戸期全体を通して当主が「堀尾→松平（桜井）→水野→高力→松平（大給）→太田→青山→松平（本庄）→松平（大河内）→松平（本庄）→井上→水野→井上」と、猫の目のごとく入転封を繰り返している。これらの当主はみな譜代大名である。なかでも天保の改革を行った水野忠邦が有名である。井上家の所領も「横須賀→笠間→郡上→亀山→下館→笠間→常盤平→浜松→棚倉→館林→浜松→鶴舞」と転封を繰り返した。

ちなみに近世史の世界では、転封《てんぽう》（国替え）は大名統制の基本をなすものであると同時に、兵農分離を促進する要素として言及されることが多い[12]。国替えのたびに藩主のみならずその家臣団

9――第二〇回簡易生命表、男性〇歳時の平均余命（http://www.mhlw.go.jp/toukei/saikin/hw/life/20th/p02.html、二〇一四年五月三日検索）。

10――ご自身も鶴舞藩士のご子孫である、当会会長の小幡重康氏が中心となって、鶴舞地区に残った藩士の文書を整理し、『南総郷土文化研究会叢書』として刊行したものである。

11――市原市編『市原市史・下巻』一九八二年。

12――『国史大辞典』「国替」の項（**Japan Knowledge** で二〇一四年五月七日検索）。執筆者は藤野保氏。

表3-1　井上藩の動向と分限帳における千葉の記載

| 西暦 | 元号 | 事項 | 千葉の記載 |
|---|---|---|---|
| 1622 | 元和8 | 初代・井上正就、横須賀城［現・神奈川県］に入城 | |
| 1625 | 寛永2 | 寛永二年乙丑年分限帳①（116人、150石以上） | 記載なし |
| 1645 | 正保2 | 二代・正利、笠間［茨城県］に転封 | |
| 1668 | 寛文8 | 寛文八年戌申年分限帳②(148人、50石以上) | 記載なし |
| 1681 | 天和1 | 天和元年辛酉年分限帳③(140人、50石以上) | 記載なし |
| 1693 | 元禄6 | 三代・正任、郡上［岐阜県］に転封 | |
| 1697 | 元禄10 | 四代・正岑、亀山城［京都府］に転封 | |
| 1702 | 元禄15 | 正岑、下館［茨城県］に転封 | |
| 1702 | 元禄15 | 正岑、笠間に二度目の転封 | |
| 1721 | 享保6 | 享保六年丑年分限帳④（119人、50石以上） | 記載なし |
| 1727 | 享保12 | 享保十二年丁未分限帳⑤(119人、50石以上) | 記載なし |
| 1747 | 延享4 | 六代・正経、常盤平［千葉県］に転封 | |
| 1758 | 宝暦8 | 正経、浜松［静岡県］に転封 | |
| 1817 | 文化14 | 八代・正甫、棚倉［福島県］に転封 | |
| 1819 | 文政2 | 棚倉分限帳⑥（618人、江戸詰を除く全員） | 記載なし |
| 1834 | 天保5 | 千葉繁・誕生(壬申39歳) | |
| 1836 | 天保7 | 九代・正春、館林［群馬県］に転封 | |
| 1845 | 弘化2 | 正春、浜松に二度目の転封 | |
| | (弘化2～明治1) | 井上藩御家中中小姓以上名前帳⑦（236名） | 郡奉行（?）千葉銕哉 |
| 1868 | 明治1 | 十代・正直、鶴舞［千葉県市原市］に転封 | |
| | 明治1～5 | 従四位井上河内守家臣名簿⑧（622名） | 千葉繁 |
| 1872 | 明治5 | 明治五壬申二月士族卒順席人名記⑨（720名） | 千葉欽哉 |
| 1880 | 明治13 | 南総市原郡鶴舞領主君臣神名録⑩（720名） | 千葉欣哉 |

も、所領（知行地《ちぎょうち》）との結びつきを断たれ、関係を築き直さなければならないからだ。家臣と藩主との主従関係も、土地（知行地）を分け与えられる「地方知行制」から、米や給金による支払いとなる「俸禄制《ほうろくせい》」へと変化していく。つまり江戸期を通して武士は、特に転封を頻繁に繰り返す藩主のもとで、在地領主的な側面を徐々に失っていった。享保期以降、幕府権力の体制が確立することによって、外様大名の転封は減少したが、譜代大名は幕政執行の立場から、その後も盛んに転封がなされた。やがて譜代大名が幕府役職上、奏者番《そうじゃばん》、京都所司代、大阪城代、老中などの出世コースに昇進すると、それに伴い国替えとなるパタンが定着していく。浜松井上藩を例に取ると、九代藩主・井上正春が奏者番となったとき、館林から浜松へと転封したケースがこれに該当する。

いずれにせよ、井上藩の動向はきわめて複雑でわかりにくい。そこで表3―1では、浜松井上藩の転封と分限帳の作成時期（推定を含む）を重ね合わせ、千葉に関する記載があるかないかを示した（前ページ）。ここから千葉繁を含む千葉家が、いつごろ浜松井上藩の家臣団に加わったかを、ある程度特定できるはずだ。

## 四人の千葉

分析を進める前に、いくつか注意しなければならないことがある。

まず分限帳の網羅性である。①から⑤の分限帳は人数がおよそ一一〇～一五〇人で、それ以降のものとくらべると明らかに家臣数が少ない。小幡氏によると、これは知行取り五〇石ないし一五〇石以上の上級武士のみを掲載しているからである。つまり中級以下の武士は、この名簿には記載されていない。他方、⑥（六一八人）、⑧（六二二人）、⑨（七二〇人）は人数が多く、網羅性も高い。特に⑥は江戸詰の藩士を除くほとんどの藩士、⑨は鶴舞に転封した家臣全員が掲載されていると思われる。鶴舞藩では家臣の数を「七百かまど」といったらしく、⑨の数字は、その事実とも対応する。

次に千葉という姓をもつ人物が、分限帳にどれくらい登場するかである。結論からいえば、⑦～⑩以外には登場しない。表3―1に明らかなように、⑦「井上藩御《ご》家中《かちゅう》中小姓《ちゅうこしょう》以上名前帳」にはじめて「千葉銕哉」という形で登場し、⑧に「千葉繁」、⑨に「千葉欽哉」、⑩に「千葉欣哉」がそれぞれ一回登場するだけだ。むろんこのことは、①から⑥の分限帳が作成された時期に、井上藩のなかに千葉姓をもつ人物が存在しなかったことを意味するわけではない。特に①～⑤では中級以下の武士の記載がほとんどないから、記載もれが生じている可能性はある。

ただし、次のように考えることはできるだろう。今後、万が一、（千葉姓をもつ人物が初めて登場する）⑦の分限帳が成立する以前に作成された井上藩の古文書に、千葉姓をもつ人物が藩士や家来として登場したならば、それは⑦～⑩の千葉とかなり強い関連をもつ人物、具体的には祖先である可能性が高いということだ。次章で見るように、このことはのちに大きな意味をもつ。

しかし推理と考察を全面展開するまえに、⑦～⑩に登場する千葉がいったい何者であるのかを確認しておかねばならない。特に千葉銕哉、繁、欽哉、欣哉は同一人物なのか、それとも異なる人物、あるいは親子や親類縁者なのか。

⑦〜⑩における千葉の記述は、以下の通りである。

⑦井上藩御家中中小姓以上名前帳

（略）

西高町　東高町　清水　半頭町

（略）

郡奉行　滝田弥五兵衛

同　喜三郎

千葉　銕哉

茂呂弥次郎

同　鍇次郎[13]

⑧従四位井上河内守家臣名簿

13——小幡重康編「井上藩御家中中小姓以上名前帳」『南総郷土文化研究会叢書12：井上藩分限帳集成』南総郷土文化研究会、一九七九年、二九頁。

（略）

二十石高　旧高（従拾人扶持《じゅうにんぶち》至二百九十九石　百七十一家）

（略）

千葉　繁[14]

⑨明治五壬申二月士族卒順席人名記

（略）

千葉　欽哉

⑩南総市原郡鶴舞領主君臣神名録

（略）

千葉欣哉[15]

特に謎めいた史料は⑦である。この史料自体は、浜松城下に居住する中小姓以上の藩士を、居住地別にリスト化したものと思われる。この記載に間違いがなければ、「千葉銕哉」は「西高町東高町　清水　半頭町」のいずれかに住んでいたことになる。ちなみに二〇一一年一一月に現地を訪問した際には、高町は浜松城址の南側数百メートルの小高い丘にあった。そこには、さわやかな風が吹き抜けていた（図3―3）。

図3-3　静岡県浜松市高町の情景（2011年11月4日、筆者撮影）

次に⑧〜⑩に登場する千葉について、史料の性格を考えながら、考察してみたい。

小幡重康氏によると、⑧「従四位井上河内守家臣名簿」には、裏表紙に「八木氏」との署名があるが、作成年次の記載がない[16]。しかし藩主の（従四位）井上河内守《かわちのかみ》・正直《まさなお》を「旧臣」と称していることから、作成は明治初期と考えられる。「千葉繁」の名は二四石高を得ている一七人に次いで、二〇石高一七一人のうち一五八番目にみえる。つまり全六二二名のうち、通算一七五番目に登場する。この「千葉繁」は『造化機論』の千葉繁と同一人物と断定してよいだろう。そして浜松（鶴舞）藩で千葉繁は、少なくとも中級以上の家格であったと考えられる。

⑨「明治五壬申二月士族卒順席人名記」は、明治五（一八

14——小幡重康編「従四位井上河内守家臣名簿」『南総郷土文化研究会叢書12』南総郷土文化研究会、一九七九年、三三三頁。

15——小幡重康編「南総市原郡鶴舞領主君臣神名録」『南総郷土文化研究会叢書13：鶴舞藩拾遺』南総郷土文化研究会、一九八二年、二〇頁。

16——小幡重康編「従四位井上河内守家臣名簿」一九七九年、三三六頁。

七二）年に作成された家臣団名簿である。ここに登場する「千葉欽哉」も実名・千葉繁の通称であり、『造化機論』の千葉繁と同一人物と断定してよいだろう。ちなみに全七二〇名の藩士のうち一五五番目に登場しており、藩士全体のなかでの序列は⑧や⑩と酷似する。

⑩「南総市原郡鶴舞領主君臣神名録」は鶴舞神社（市原市）が蔵する掛け軸であり、藩士七二〇名が記載されている。明治一三（一八八〇）年一月、旧鶴舞藩士・倉垣愛氏の筆致と確認されている。[17]「千葉欣哉」は一〜三段目各四二名のあと、四段目の四六名中二五番目にその名がみえる。単純計算すると一五一番目である。⑧や⑨と比較してもほぼ同様の位置にあり、「欣哉」は「欽哉」の誤記と考えるのが自然であろう。すなわちこれも『造化機論』の千葉繁と断定できる。

以上、⑧〜⑩に登場する千葉繁・欽哉・欣哉は、『造化機論』の千葉繁と同一人物とみてよいだろう。つまり明治期に入ってからの分限帳には、千葉繁は必ず顔を出している。ちなみに小幡氏によると、戦前までは旧藩士とその子孫が正月に鶴舞神社に集い、掛軸の前で語り合っていたという。[18]『造化機論』の千葉繁は⑩が作成される明治一三（一八八〇）年までに、『通俗造化機論』（一八七六）、『通俗造化機論二篇』（一八七八）を刊行しており、奥付によればその住まいは横浜にあった。鶴舞を離れてからすでに八年が経過している計算になるが、千葉の心はなお鶴舞藩にあったのだろうか。そして新年には横浜の喧騒を離れ、鶴舞の地で旧交を温めあったのであろうか。想像を逞しくしたくなる。

## 「千葉銕哉」とは誰か

しかし、ここでは妄想をおさえて、さらなる謎、⑦に登場する「千葉銕哉《てつや》」について考えてみたい。⑦は、千葉という姓を持つ人物が井上家の分限帳に初めて登場する史料であり、さまざまな想像をかきたてられる。「銕哉」は千葉繁と同一人物なのか、それとも繁と近親関係にある人物、たとえば父親なのか。

これを検証するためには、⑦の現物をみてみるのが手っとり早い。平成二三（二〇一一）年一一月、筆者は新幹線に乗って、浜松市立図書館の史編纂室・郷土資料室を訪れた。当の史料は浜松市東伊場町の故・岡部厳夫氏が所蔵していたものだが、現在その所在を確認することはできない。散逸《さんいつ》した可能性が高いとのことである。まことに残念。

しかし岡部氏が所蔵していた現物をかなり正確にペンで筆写したノートが、郷土資料室には残されていた。なんという幸運であろうか。おそらく浜松市史編纂を行うための基礎作業として作成されたものであろう。歴史というのは、こうした地道な作業の積み重ねにより、後世の人間による記述が可能になっているのだ。頭が下がる思いがした。

話を急ごう。

17——小幡重康編『鶴舞藩拾遺』一九八二年、一二六頁。
18——同書、七頁。

このノートを確認すると、「千葉銕哉」の箇所は、次ページの写真のように記載されていた（図3―4）。筆者の目には、どうみても「銕哉」ではなく「欽哉」に読める。もしこれが「欽哉」だとするなら、このノートを活字化するさいに転記ミスが起こったと考えられる。つまり「千葉銕哉」という人物は実在せず、千葉欽哉（繁）の誤記だったにすぎないのではないか。この見立てが正しければ、結局のところ、四人の千葉――銕哉、繁、欽哉、欣哉は一人の千葉繁、すなわち『造化機論』の千葉繁であったということになる。拍子抜けするようだが、これが現時点における筆者の結論だ。そして分限帳をみるかぎり、浜松井上藩に、これ以外に千葉姓を持つ者を見いだすことはできない。

## 「井上藩御家中中小姓以上名前帳」の成立年代

だが『造化機論』の千葉繁が、いつ頃から歴史上の記録に名を残すことになったかは、問うてみる価値のあることである。ポイントとなるのは⑥と⑦の分限帳だ。

小幡氏によれば⑥の成立年代は、井上藩が棚倉にいた文化一四（一八一七）年から天保七（一八三六）年までのいずれかである。小幡氏自身は文政二（一八一九）年頃と推定しており、筆者もこの説に従いたい。

問題の史料⑦は、すでに述べたように故・岡部厳夫氏が所有していたものだが、年次の記載を欠いている。しかし小幡氏によると、井上藩が浜松に二度目の転封となった弘化二（一八四五）

年から明治元（一八六八）年にかけての二三年間のある時期を起点として作成が始められ、人名や情報が逐次追加されたと考えられている。[19]というのも、たとえば奥山三郎という人物に「後に大審院大判事」という記載があるが、これは明らかに明治期になってから付加された文言である。つまり幕末から明治初年にいたるまでに、この名前帳に新たな名前が次から次へと書き加えられていったと考えられる。

小幡説に従うならば、千葉繁は⑥が成立してから⑦で加筆が行われていく間のどこか、すなわち文政二（一八一九）年から明治元（一八六八）年までのいずれかの時点で、井上藩の家来になったと仮定することができる。

小幡氏の考察はたいへん慎重かつ精密なものであり、学ぶべきところが大きい。しかし筆者はもう少しだけ仔細にこの筆写ノートを眺めてみたい。そうすれば、⑦の成立年代をさらに特定できるかもしれない。苦肉の策であり、誤りを犯す可能性がないわけではない。しかし千葉繁という謎を解くためには、もう少しだけ踏み込んでみたいのだ。

図3-4

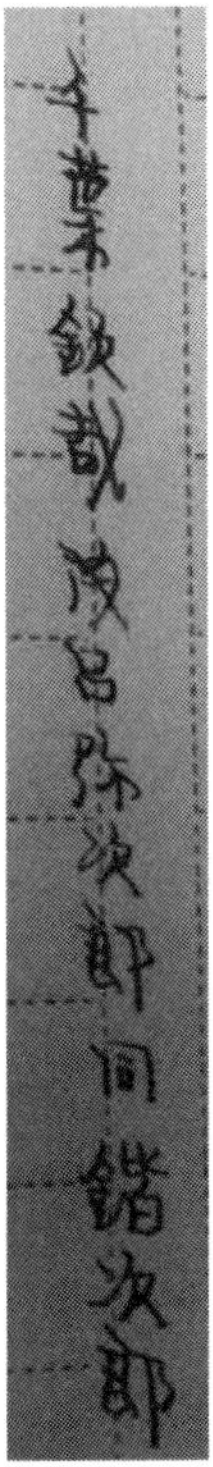

19——小幡重康編「井上藩御家中中小姓以上名前帳」一九七九年、三二一頁。

図3-5

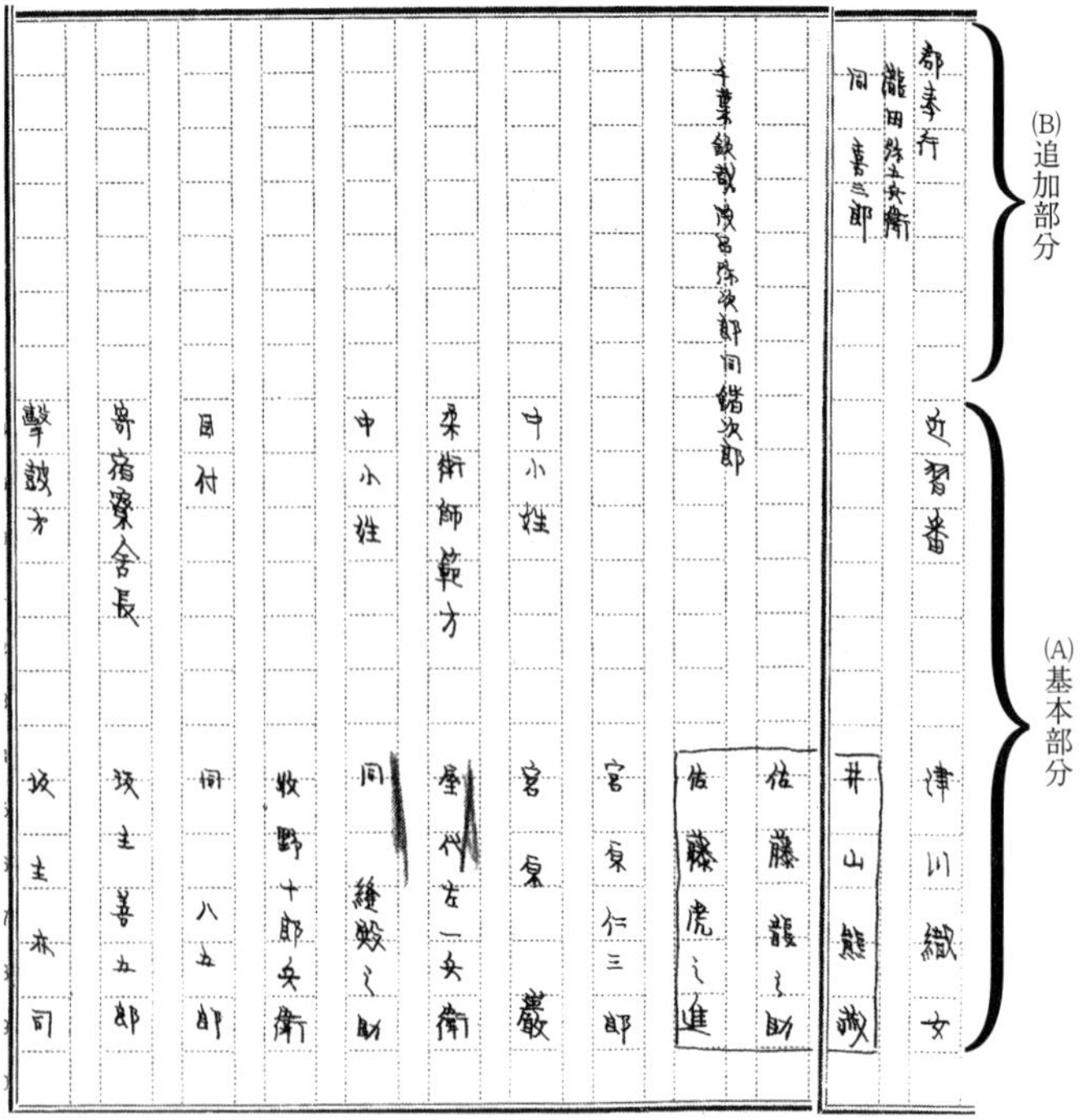
郡奉行　近習番　津川織女
瀧田弥五兵衛
同　喜三郎　井山熊蔵
佐藤龍之助
千葉鉄蔵　渡辺弥次郎　同　錯次郎　佐藤虎之進
宮泉仁三郎
中小姓　宮泉巌
柔術師範方　屋代左一兵衛
中小姓　同　縫殿之助
牧野十郎兵衛
目付　同　八五郎
寄宿寮舎長　坂主善五郎
撃読方　坂主求司

さてこの筆写ノートは、（A）台帳の基本となる部分と、（B）役職の交代が行われるたびに、前者の上方に人物名や役職を追加した部分とからなる。前者を「基本部分」、後者を「追加部分」と呼ぶことにしよう（図3―5）。「基本部分」に書かれている名前は、この名前帳の作成が開始された当初から記載されていたと考えられる。これは無理のない想定であろう。そしてこの基本部分に、浜松藩士の誰が登場しており、誰が登場していないかをみていけば、さらに成立年代を特定できるのではないか。

正直に申し上げて、筆者は浜松のことにあまり詳しくない。大学を卒業するときの貧乏旅行で一泊したことがある程度だ。浜松にどういう大名がいたかも、井上藩がどういう藩士を抱えていたかもよく知らない。しかし『浜松市史』や『三百藩家臣人名事典』を読んでみると、[20] 浜松井上藩、特に幕末の浜松藩士は多士済々で、実に魅力的な人物が揃っている。ここでは二人の重要人物に着目してみたい。

一人は、賀古《かこ》（加古）公斎《こうさい》（一八一九〜一八八九）である。公斎は大坂で生まれ、長崎に遊学して蘭学を学んだ。そして安政六（一八五九）年一一月から浜松藩に召し抱えられ、藩校・克明館《こくめいかん》の蔵書購入と学制の編成に手腕を発揮した。公斎の息子は森鷗外の無二の親友、あるいは鷗外の小説『ヰタ・セクスアリス』における「古賀鵠介《こがこくすけ》」のモデルとして有名な、賀古鶴所《つるど》（一八五五

20――浜松市編『浜松市史』（復刻版）臨川書店、一九八七年。家臣人名事典編纂委員会編『三百藩家臣人名事典』新人物往来社、一九八八年。

〜一九三二）である。この賀古公斎は、基本部分に書かれている。すなわち先の仮定が正しいとすると、⑦の作成開始時期は少なくとも安政六（一八五九）年以降と推定できる。

もう一人の浜松藩士は、岡村義理《よしさと》（一八〇二〜一八七三）である。十代藩主正直の側用人、旗奉行、やがて家老となる。一八五〇年代の浜松藩士のなかでもっとも重要な人物である。岡村は弘化四（一八四七）年、『海防私考』を著して国防力の強化を主張し、安政二（一八五五）年には「御為筋《おためすじ》申上げ覚書」なる財政打開策を献上した。賀古（加古）公斎を藩士として招請したのも岡村である。しかしその岡村は文久元（一八六一）年、藩の軍事改革として西洋流火器の導入を唱えて、蟄居閉門《ちっきょへいもん》の憂き目にあう。[21] この岡村義理の名前は⑦の名前帳にみえない。これほどの重要人物の名前が名前帳に書かれていないことを重視するならば、⑦の作成開始時期はさらに遅く、文久元（一八六一）年以降となる。

さてここで、千葉欽哉（誤字で銕哉）はどのように登場するか。図3―5のように、茂呂弥次郎、同鍇次郎《かいじろう》とともに追加部分に登場するのだ。したがって千葉欽哉の名前は、⑦が作成開始された一八五九年ないし六一年以降に、この名簿に書き込まれたと考えられる。千葉繁は天保五（一八三四）年の生まれであるから、⑦の成立が一八五九年なら千葉は満二五歳以上、六一年以降なら満二七歳以上のときである。つまり千葉繁は二〇代半ばまでに家臣の列に加わったと考えられる。

## 千葉繁は「郡奉行」だったのか

それにしても、まだ謎は残る。最大のポイントは、『造化機論』の千葉繁が浜松藩の「郡奉《こおりぶ》行《ぎょう》」であったかどうかだ。もしこれが事実だとすると、さらに深い謎が生まれてくる。というのも郡奉行という職は一般に、とてもえらい官職だからだ。たとえば『日本史大事典』によると郡奉行は、「諸藩家臣団のなかで家老、中老に次ぎ、代官の上にあって、年貢・戸口・宗門・検断・訴訟など農村に対する諸政にあずかった」とされている。[22] 浜松藩においても嘉永四（一八五一）年六月の「家中勤役柄」をみると、郡奉行は代官の上にあって、馬杉新兵衛・桜井久右衛門・飯島五左衛門・浅村太兵衛とわずか四名しか任命されていない。[23] 中島一仁氏とも話し合ってみたのだが、郡奉行に任命されるような武士であるなら、千葉の家格は相当高いであろうし、分限帳に記載されている蓋然性が高い。たとえば天保七（一八三六）年に郡奉行となった岡村義理は十人扶持を賜った。[24] これほどの重職であるなら、藩内でも目立つだろうし、藩の記録や藩士の記憶に残っているはずだ。またその先祖もやはり同じ浜松藩士で、それなりの地位を得た可能性

21――以上『三百藩家臣人名事典』「浜松藩」の項より抜粋。
22――下中弘編『日本史大事典』平凡社、一九九一年、一八八頁。
23――浜松市編『浜松市史　2』（復刻版）、臨川書店、一九八七年、九二頁。
24――岡村龍彦『岡村祖先事績』堀内文治郎、一九四三年、三〇頁。

が高いと推測される。しかし少なくとも浜松藩の分限帳には、千葉繁以外に千葉姓を持つ人物は存在しない。千葉繁はある意味、「ぽっと出」の男なのだ。その「ぽっと出」の男が、なぜこれほどの要職につけたのか。

正直に申して、この謎を解く決定的な証拠はない。ただし次の二つの可能性、仮説がありうる。

(仮説$\alpha$) 千葉繁はそもそも郡奉行に任命されていない。

(仮説$\beta$) 千葉繁はその実力(農政をあずかる力とか英語力とか)を買われて、抜擢された。

本音ベースでいえば仮説$\beta$にはえもいわれぬ魅力がある。筆者が小説家やドラマの脚本家ならば、こちらの仮説を選んだであろう。仮説$\beta$に基づいてストーリーを考えるなら、千葉繁をたとえば幕末有名人の福澤諭吉と比肩して論じることさえできるからだ。千葉とほぼ同年(天保五年)に生まれた福澤諭吉は、緒方洪庵(一八一〇～一八六三)が開いた大坂適塾で、安政二(一八五五)年から数年間、蘭学を学んでいる。そして福澤が、開港したばかりの横浜でオランダ語が全く通じないことに衝撃を受け、英学に発心したのは安政六(一八五九)年、満二四歳のことであった。洋学の中心が、蘭学から英学に劇的に移り変わるさまを示す有名なエピソードである。[25]福澤は当時、英語を学べる場所は江戸、大坂、長崎に限られていたと述懐している。ただ、いったん英語を修得した者の将来は、かなり開けたらしい。再び福澤がいうには、「江戸の方では開国の初とはいいながら、幕府をはじめ諸藩大名の屋敷というものがあって、西洋の新技術を求むることが広く且つ急である。従って、いささかでも洋書を解することの出来る者を雇うとか、あるいは翻訳をさせればその返礼に金を与えるとかいうようなことで、書生輩がおのずから生計の道に近い。極都合《ごく》の宜《よ》い者になれば大名に抱えられて、昨日までの書生が今日は百石の侍になったということもまれにはあった」[26]。

つまり仮説$\beta$を採用するなら、千葉もまた一八六〇年までは江戸か大坂か長崎かで洋学を修業し、その実力を認められて「極都合の宜い者」として、浜松藩に「郡奉行」として雇用されたというストーリーが描けそうなのである。実際、浜松藩でも岡村義理や、適塾門下生でのちに蕃書《ばんしょ》調所《しらべしょ》教授となった村上仁三郎など、そのような経緯をたどった人物が何人もいる。したがって江戸や大坂で英学を学べる場所、すなわち昌平黌《しょうへいこう》（昌平坂学問所、東京大学の前身）や適塾、その他の私塾の名簿などに千葉がその痕跡を残していれば、仮説$\beta$はますます有力になる。

筆者自身、一時はこの仮説に大きく傾いていた。そうとでも考えなければ、なぜ繁が「郡奉行」になれたのか、さっぱり理解できないからだ。そこで昌平黌や大坂適塾の学生・塾生名簿を探ってみたりもした。だが現時点では千葉繁（欽哉）の名前を見出すことはできない。もちちんリストに出てこない学生・塾生もいるだろうから、千葉がこれらの場所、あるいは私塾などで英

25――福澤諭吉『福翁自伝』岩波書店、一九七八（一八九九）年。
26――同書、一一一頁。

学を学んだことがないとはいえない。それを示す証拠が、今後見つかる可能性はある。

また、仮に千葉繁が英学の才能を認められて雇用された場合は、千葉に高給を支給するために、実際に郡奉行として知行地を指揮・監督するのではなく、いわば充《あ》て職として「郡奉行」という官職を用意したかもしれないと考えた時期もある。ただそう考えると、今度は浜松藩では二〇〇—二五〇石扶持（ただし水野家・文化一四年のもの）に相当する「郡奉行」という位は、一代抱えの人物にはあまりに重すぎる。浜松藩の歴史に燦然《さんぜん》と名を残す村尾元融《げんゆう》、賀古公斎、村上仁三郎も、彼らの代で浜松藩に召し抱えられたわけだが、「郡奉行」やそれに匹敵する役職にはついていない。

それによく考えてみると、活字化された「井上藩御家中中小姓以上名前帳」においても、「郡奉行」であると直接断定できるのは、滝田弥五兵衛のみである。滝田喜三郎、千葉銕哉、茂呂弥次郎・鍇次郎が郡奉行であるとは、直接的には書かれていない。実は⑦の筆写ノート（図3—5）を眺めてみても、「郡奉行」という肩書きは滝田弥五兵衛のみを指しているようにもみえる。横に、滝田喜三郎なる人物が併記されている。これに対して千葉欽哉・茂呂弥次郎・鍇次郎が書かれている列は次のページで、しかも一行である。もしかしたら単に無役の藩士として、三人が列記されただけなのかもしれない。その場合、千葉繁は郡奉行ではなかったことになる。

おそろしく身《み》も蓋《ふた》もない話なのだが、二次化された活字史料からだけでは、千葉繁が郡奉行であるともないとも断言できない。だが史料を読み進めていくうちに筆者は、徐々に千葉繁が郡奉行ではなかった蓋然性が高いと考えるようになっていった。
その経緯については、章を改めて論じたい。

# 第4章

# ここにいたのか、千葉繁

前章で確認してきたのは、現存する浜松井上藩の一〇種類の分限帳のなかに、千葉姓を有する人物は千葉繁（欽哉）以外に存在しないということであった。もちろん記載もれの可能性が一〇〇％ないとはいえない。一八世紀までの分限帳（前章表3―1の①〜⑥）は、家臣団のなかでも禄高の高い上級武士だけが記載されており、禄高の低い武士、徒士《かち》や中間《ちゅうげん》、足軽に属するものは記載されていない。また上級武士であったとしても江戸藩邸、大坂藩邸に詰める家臣がリストから漏れている可能性もある。

しかし一九世紀、とりわけ文政年間以降、浜松井上藩の分限帳は徐々に網羅的になってきている。特に⑨や⑩は、藩士ほぼ全員を網羅しているとみてよい。実はそのなかに、千葉姓を有する人物が千葉繁（欽哉）以外に存在しないということは、千葉繁の来歴をつきとめる上では幸運なことでもあった。というのも今後、井上家に関する史料のなかに千葉繁（欽哉）以外の人間が家臣として登場してきたならば、その人物は千葉繁ときわめて強い関連を有する人物、率直にいえば、祖先である蓋然性がきわめて高いからだ。

ここからは、いよいよ近代の活字化された資料を離れて、近世古文書の世界に少しだけ足を踏み入れなければならない。

浜松井上藩の一〇代当主・井上正直（一八三七〜一九〇四）は明治維新後、華族（子爵）となった。井上家にまつわる文書の所在情報は、学習院大学が編纂《へんさん》した『旧華族史料所在調査報告書本編1』（一九九三）のなかに存在する。[1]なかでも浜松井上藩の家臣に関する情報が記載されている可能性が高いのは、京都大学文学部博物館古文書室に収蔵されている通称「井上家文書」である。もっともその文書が全体としてどれくらいの分量なのか、どういう文書が残っているのか、先の報告書だけではよくわからない。

だが前章でも大活躍いただいた中島一仁氏によると、静岡県立中央図書館の「歴史文化情報センター」に、静岡県史編さん収集資料検索システムがあるという。[2] ここで「井上家」と検索すると、京都大学に存在する資料の概略がわかる。特に圧巻なのは安永九（一七八〇）年から断続的に明治九（一八七六）年分まで保存されている『諸向御届《しょむきおとどけ》』である。その中身は題名からだけでは想像しがたいのだが、とりあえず体当たりで「千葉」という文字列を、目測のローラー作戦で検索しなければならないように思われた。

意を決して平成二三（二〇一一）年一二月、京都大学文学部博物館古文書室を訪問し、井上家文書の検索を申し込んだ。朝一番の新幹線で京都駅へ旅立ち、はやる気持ちを抑えて秋の深まる京都大学を訪ね、文書の閲覧を待つ。担当の先生がおもむろに届けてくださったのは巨大な段ボール四箱。このなかに『諸向御届』を中心とする文書が、ところ狭しと詰め込まれていた。

残念ながら、個々の文書の概要を示す目録は存在しない。そこで特に天保五（一八三四）年生まれの千葉繁が登場しそうな時期の文書を優先して、ローラー作戦あるいは「めくり」ともいう、

1――学習院大学史料館編『旧華族史料所在調査報告書　本編1』太田書店株式会社、一九九三年。

2――http://multi.tosyokan.pref.shizuoka.jp/kenshi/、二〇一四年五月三日検索。

しらみつぶしに文書をブラウジングする作業を行った。しかし筆者は、古文書をほとんど読めない。そこでとにかく「千葉」という文字のくずし字だけを覚えて、その形だけに注目することにした。幸い「千葉」のくずし字は、さほどわかりにくくない。午前一〇時から午後四時半ころまで六時間半、食事もとらず、休憩も最低限に、「千葉」という文字の形だけをめざしてひたすら検索していく。この「めくり」によって、いったん「千葉」を見つけ出せたならば、一気にさまざまな可能性がひろがる。しかし無駄に終わる可能性も高い。筆者自身、古文書ではないにせよ、これまでも明治期以降の雑誌記事を検索する際に、そのような作業を何度か行ったことがある。かなり手間と時間がかかる作業だ。しかも望んだ結果が得られるとはかぎらない。研究とは、通常人が考える以上に、地味ながらもバクチ的な営みの連続なのである。

二時間も経過すると、目がチカチカしてくる。ときおり「俺はいったい何やっているんだろう……」と、弱気の虫が疼《うず》く。しかし「待っていろよ、千葉繁。俺が必ず見つけ出してやる」と念じて、再び検索に戻る。

すると、なんと幸運なことか、その一日だけで、千葉欽哉を二件、他の「千葉」氏を二件発見することができた。そのたびに、「ヨッシャ！」と小さく声を上げたことはいうまでもない。

## 鶴舞藩の千葉繁

まず、これまでの作業から予想できたことではあるが、千葉繁（欽哉）が、浜松井上藩に実在したことを確認しておこう。

慶応四（一八六八）年の『諸向御届』一二月に、藩士の誰に、どれくらいのお金が支給されたかを示すリストがある。ここで千葉欽哉は「小菅純清殿、千葉欽哉殿、横山龍達殿、……」という並びで登場し、金百疋《ひき》を受け取っている。[3]「金百疋」とは一分、現在なら約二万円に該当する金銭の価値である。

次に、明治二（一八六九）年一〇月から一二月の間に作成された『寓殿目録』という文書がある。この文書は、静岡県史編さん収集資料検索システムにも登録されておらず、誰がどのような目的で作成したのかも不明である。しかし鶴舞藩で生起する日々の出来事が日誌風に記載されており、『諸向御届』と似た性格をもつ文書といえる。この一〇月一五日の項に、千葉欽哉の名前がみえる。[4]

一　　　　　　　　　　　　　　小菅純清
　　　　　　　　　　　　　　　千葉欽哉
　右御家従被　命候条可申達旨振武隊司令官ヨリ名代湯川文養江達有之候旨純清ヨリ吹聴
有之

3――『諸向御届』井上家文書、京都大学文学部博物館古文書室蔵、一八六八年一二月。
4――『寓殿目録』井上家文書、一八六九年一〇月～一二月。

（大意：右御家従［小菅純清・千葉繁］が命じられた件を申達するよう、振武《しんぶ》隊《たい》司令官から名代・湯川文養へ命令があったと、純清が伝えにきました。）

右の漢字の読みは、中島氏の指導のもと二人で確定したものだが[5]、千葉欽哉は、小菅純清なる人物と行動をともにしている。振武隊とは、鶴舞藩に存在した軍隊のことである。小菅と千葉は『寓殿日録』を書いた人物のもとを訪れて、振武隊の司令官が、（たぶん小菅と千葉の名代であった）湯川文養に伝えた事項を、小菅が藩主に伝えに来た、という。無論これだけでは、小菅と千葉が何を伝えたのかはわからない。千葉欽哉（繁）が、ここでどういう役割を果たしたのかも。

しかしあくまでこの文書の主役は小菅純清なる人物であり、小菅は千葉繁の上役（上司）と推察される。というのも千葉繁のほうが上役であったならば、当然彼の発言として記録されたであろうからである。ちなみに湯川文養は分限帳⑦では「医者」と記載されている。

小菅純清や湯川文養が何者であるかについては、第六章で改めて論じる。これも千葉繁の人生を解明する際の大きなヒントとなる。ここでは少なくとも、千葉欽哉が小菅純清と一緒に行動していること、両者に日常的なつきあいがあったこと、そして注3の文書でも小菅は千葉の一行前に登場しており、ほぼ同格の藩士であったことがわかる。

さて、ひととおり「めくり」を終えたところで確認してみる。たいへん残念ながら、井上家文書のなかには千葉の肉声、すなわち手紙や報告、あるいは発言内容がわかる文書は存在しなかった。千葉が何を考え、どのように行動したのかは、依然として藪《やぶ》の中である。嬉しいような悲しいような複雑な気分で、筆者は京都をあとにした。

それから数カ月は東京での作業となる。主として東京大学の図書館で、暇をみつけては『静岡県史』、『浜松市史』、『千葉県の歴史』、『市原市史』その他、浜松や鶴舞の郷土史に関する記述を可能な限り参照した。しかし千葉繁に対する言及は一つもない。つまり千葉繁は、浜松井上藩の藩士という観点からも、静岡・浜松、千葉・市原の郷土史という観点からも、あるいは医学史の観点からも、ノゥマークの人物だといってよいだろう。

ただ、こうした作業を続ける過程で、ひとつ気づいたことがある。現在『藩士大事典』に名を残すような人物は、いかなる経緯で有名になったのかという点だ。薩長や加賀藩のように、藩内の行政史料が大量に残されている藩なら、そんなことに思いをめぐらす必要はないのかもしれない。存命の頃から世間に名が轟《とどろ》き、さまざまな同時代史料に顔を出す「有名人」はいる。しかし浜松藩のように小藩で、転封を繰り返し、しかも藩主の家にも領国にも行政記録や古文書が多く残っているとはいえない藩では、その藩にどういう「偉人」がいたかを決めるのは、本人というより、むしろその子孫ではないか。つまり子孫が明治期以降、偉くなって名を残し、その先祖・親類として言及されることで歴史に名を留めるパタンがあるように思われるのだ。

5――以下、本章に登場する井上家文書の大半も同様。

たとえば第3章で述べた賀古公斎がそうである。公斎も、同時代史料である井上家文書にはほとんど登場しない。千葉が登場するのと同程度か、それ以下だ。しかし息子の鶴所《つるど》が、耳鼻咽喉科のさきがけとして、あるいは森鷗外の無二の友人として脚光を浴びることで、父である公斎の事績にも光が当てられるようになったと考えられる。親の七光りならぬ、「子の七光り」とでもいえようか。

それはともかく、千葉繁は鶴舞藩に実在し、明治に入ってからも鶴舞藩で禄を食み、活動していたことを確認できたことに、とりあえず満足しておきたい。

## 下総千葉家の千葉忠詮

さて京都大学で収集した井上家文書の記録を仔細に眺めてみると、驚きの事実が浮かび上がってきた。

実は『諸向御届』には、千葉繁（欽哉）以外に、三人の「千葉さん」が登場する。千葉道三郎、千葉忠詮《ちゅうせん》、千葉忠作（忠詮の息子）である。

このうち千葉道三郎は、慶応二（一八六六）年の『諸向御届』に登場する（日時不明）[6]。その文書によると、文久二（一八六二）年に家を出奔した大谷貞八郎が、剣術修行をさせてもらっている千葉道三郎の家にいるという形で出てくる。[7] この道三郎は剣術の師範だったと思われるが、おそらく井上家とは何の関係もない人物であろう。千葉繁とも無関係だったと考えて間違いない。

むしろ「剣術修行」というところから、北辰一刀流の千葉周作との関連を考えてみたくなるところだ。

ここで重要なのは、『諸向御届』安政三（一八五六）年九月一九日の日付を有する文書に登場する千葉忠詮とその息子、忠作である。とても重要な文章なので全文引用させていただきたい。[8]

井上河内守家来
千葉忠詮悴
千葉忠作　当辰弐拾五歳

右之者兼々身持不宜ニ付度々異見
差加候得共不相用難見届御座候ニ付
今度追出申候右体不覚悟者ニ付
先々如何様之悪事可仕茂難計候
依之父忠詮始諸親類一同致久離

6――『諸向御届』井上家文書、一八六六年。
7――原文は、「釼術修行仕《つかまつる》　千葉道三郎方ニ罷在《まかりあり》候」。
8――『諸向御届』井上家文書、一八五六年九月一九日。

度旨相願候ニ付願之通申付候間為後日
御帳江御記置可被下候以上

御名使者
小嶋新助

辰九月十九日

本文の現代語訳は、以下のようになるだろうか。

右の者（千葉忠作）、かねてより身持ちが良くないので、たびたび意見してきたのですが、受け入れず、見届けがたく思いますので、この度、追い出しました。右の者（忠作）は、覚悟のない者です。先々、どんな悪事をするかもわかりません。そこで父・忠詮をはじめ親類一同、永久に別離したい旨をお願いしてきたので、願いの通りに申しつけました。後日のため、記録に残してくださるようお願いします。以上。

この文章は、井上正春の家来・小嶋新助が、井上家の家来である千葉忠詮・忠作父子の間に起こった事件を、江戸の町奉行に申告したものと考えられる。ありていにいって、父・忠詮が二五歳の息子・忠作を絶縁した事情が書かれている。

千葉忠詮・忠作の絶縁事件は、江戸で起こったことのようだ。というのも浜松の領内で生じた事件なら、領国内で処理するはずだからだ。しかし忠詮・忠作父子は江戸詰であり、そのため家族内での絶縁が生じると、「今後、忠詮は忠作とはいっさい関わりをもたない」ことを、江戸藩邸を通して江戸町奉行に報告しておく必要があったようだ。

ここでも古文書の細かい事情は深くは追求しない。重要なことは浜松井上藩に、千葉繁以外にも、千葉姓をもつ家来が存在していたという事実である。しかも江戸詰の藩士らしい。浜松井上藩には少なくとも一九世紀以降は千葉繁（欽哉）以外に、千葉姓を有する人物は存在しない。したがってこの千葉忠詮なる人物は、千葉繁と相当深い関係をもつ人間、具体的には親類縁者ないし親子と想定できるのではないか。しかも千葉忠詮が江戸詰の藩士だったとすれば、分限帳⑥に千葉姓をもつ人物が登場しないことと整合的になる。

さて、この千葉忠詮なる人物をgoogle検索すると、一件ヒットするのである。それは千葉一族のウェブサイトで、それによると、下総・千葉家の三三代当主、千葉胤邑《たねむら》（一八〇一～一八六四）の幼名が「忠詮」なのだ。以下にその引用をみる。

【千葉胤邑（1801~1864）】
千葉氏三十三代。三十二代・千葉権介倚胤の子。幼名は忠詮。別名は皇胤。

倚胤より医学の手ほどきを受けており、天保12（1841）年、父のあとをうけて医師となり、本所の診療所を継いだ。元治元（1864）年11月5日に本所で亡くなり、東京の本所法恩寺に葬られた。法名は本光院殿相意忠詮日礼大居士。

●参考文献「下総千葉氏末葉考」山田勝治郎（『千葉文華』第十五　所収）[9]

下総・千葉家とは桓武平氏の一族で、鎌倉・室町期に下総国を治めた大名である。件のウェブサイトでは、「千葉介邦胤の死を契機に、千葉宗家も北条氏に乗っ取られ、小田原の役で北条家が滅ぶとともに、領主としての千葉家も滅亡しました」とある。つまりは数百年にわたって守護大名、戦国大名であった家系であり、胤邑（忠詮）はその末裔、三三代目の当主であるというのだ。

このような由緒正しい家系をひき、一八世紀の前半を医師として生きた千葉胤邑と、井上河内守の家来・千葉忠詮は、そもそも同一人物なのか——。

実は、ほぼそう断じてよいのである。

京都大学で千葉忠詮の文書をみつけてから筆者は、中島一仁氏と二人で解析作業を続けた。それからしばらくして筆者は、千葉繁が英語を学んだとしたら、昌平黌（昌平坂学問所）や、緒方洪庵の大坂適塾に留学した経験があるのではないかと考えて、図書館をうろついていた。そこに普段はあまり電話をかけてこない中島氏から、連絡があった。

息せき切った（ように電話先では聞こえた）中島氏によると、先のウェブサイトに出てくる参考文献の「下総千葉氏末葉考」（山田勝治郎）を調査するプロセスで、井上河内守家来の千葉忠詮が、下総千葉家三三代当主の千葉胤邑と同一人物であることはほぼ確定した、というのである。なんという大発見であることか。

山田勝治郎氏の論文には、次のような記載がある。[10]

◎千葉胤邑
胤邑は千葉権介《ごんのすけ》倚胤の嫡子にして幼名を忠詮と云ひ天保一二年家督相続して千葉権介胤邑又の名を皇胤《きみたね》と称す。父の職を嗣ぎて医師となり江戸本所に住し元治元年十一月五日同所にて没す六十三才　本所法恩寺に葬す。　法名本光院殿相意忠詮日礼大居士　嗣子《しし》続胤長女聟長男弥一郎、二男常太郎あり続胤《つぎたね》元治元年家督相続[11]

9——http://members.jcom.home.ne.jp/bamen/souke40.htm、二〇一四年五月四日検索。
10——山田勝治郎「下総千葉氏末葉考」『千葉文華』第一五号、一九八一年。
11——ちなみに忠詮の墓碑や物故者名簿が存在すれば、今後さらに確実な物証が得られる可能性がある．ただし残念ながら現在、東京都墨田区太平一丁目（二六—一六）に現存する法恩寺に確認したところ、関東大震災を含む二度の出火によって失われたか、現在の法恩寺には、千葉胤邑の名を残す墓碑や名簿の類は存在しないとのことであった。

（大意：胤邑は千葉権介倚胤の嫡子にして、幼名を忠詮という。天保一二（一八四一）年、家督相続して千葉権介胤邑、別名、皇胤と称す。父の職を嗣《つ》いで医師となり、江戸本所に住み、元治元（一八六四）年一一月五日、同所にて六三歳で没す。本所の法恩寺で葬られた。法名は「本光院殿相意忠詮日礼大居士」。嗣子は長女の聟《むこ》・続胤、長男は弥一郎、二男は常太郎。続胤が元治元年に家督相続）

先のウェブサイトとほぼ同じ内容だが、「嗣子続胤長女聟長男弥一郎、二男常太郎あり」というところが新情報だ。これについては成田市史を研究する大野政治氏の貴重な研究がある。[12] 大野氏によれば、下総千葉家の系図を詳しく記した「海保弥兵衛家系図」には、胤邑（忠詮）の父である千葉倚胤に関して、「二男忠詮胤邑江府ニ住ミ、天保歳中同人事館林侯ニ被雇大阪城ニ登番之砌《みぎり》、両親共江府江引取致養介置候、于時天保十一子年四月廿八日星霜六七歳ニ而卒ス」（大意：次男忠詮［胤邑］は江戸在住、天保年間に館林侯に雇われ、大阪城に登番したとき、両親を江戸に引取りお世話した。天保一一年四月二八日六七歳で逝去）という記述がある。

ここで重要なのは「天保歳中同人事館林侯ニ被雇大阪城ニ登番之砌」という部分である。館林、大阪城。これはいっけん浜松とは何の関係もなさそうにみえるが、実は井上家にとってはゆかりの深い地名なのだ。というのも井上家第九代の井上正春（一八〇六〜一八四七）は、天保七（一八三六）年から弘化二（一八四五）年まで九年間にわたり、館林の地に転封された。そして天保九

（一八三八）年から一一（一八四〇）年までのあいだ大阪城代を務めていた。この事実を上の記述と符合すると、千葉忠詮は、井上正春が館林の領主である間に、井上家に雇用されたと考えられるのだ。この想定が正しいとするなら、下総千葉家三三代当主を名乗る千葉忠詮（胤邑）は、井上河内守正春の家来、千葉忠詮と同一人物であり、忠詮は、天保七（一八三六）年から同九（一八三八）年の間のどこかの時点で、浜松藩に医師として召し抱えられたことになる。そして天保一二（一八四一）年、父のあとを継いで、本所の診療所で働いた。すなわち千葉忠詮は本所で開業しながら、井上家の上屋敷（藩邸）に通う藩医であったのだろう。

これが歴史的事実として確定しうることを筆者は信じて疑わない。

とするなら、私たちはさらに衝撃の仮説に、あと一歩のところまで辿りつける。すでに何度も述べてきたように、浜松井上藩の分限帳には、千葉繁（欽哉）以外に、千葉の姓を有する人物は存在しない。したがって仮に、千葉繁以外に千葉姓を有する人物が井上藩の家来であると確認されたならば、その人物は千葉繁の係累である可能性がきわめて高い。千葉忠詮（胤邑）は享和《きょうわ》元（一八〇一）年、千葉繁（欽哉）は天保五（一八三四）年の生まれであって三三歳違いだから、ありうるとすれば父子の関係だろう。つまり下総千葉家の末裔・忠詮が『造化機論』の千葉繁の父親である蓋然性が著しく高い。

12——大野政治「江戸時代における千葉氏再興運動」『成田市史研究』第八号、一九七九年。

もっとも完璧を期すならば、まだ検証しなければならない事柄がある。たとえば井上家の家臣に、忠詮・繁以外の「千葉」氏が存在する可能性はないとはいえない（江戸詰や大坂詰の藩士に、他の千葉氏がいないとは言い切れない）。また千葉忠詮とはまったく無関係に、千葉繁（欽哉）が一本釣りで井上家に雇用された可能性も完全に排除されたわけではない。しかし今まで明らかになっている史料からは、「千葉忠詮が千葉繁の父親だ！」という仮説がもっともしっくりくる。というのも、ここまで筆者を悩ませてきた最大の謎は、千葉欽哉の名前が、井上藩の分限帳に一八六〇年前後になって突然登場してきたことだったからだ。分限帳によほど重大な記載漏れがあるか、繁がよほどの才能の持主で、たとえば英学需要の波に乗って、その能力を買われて雇用されたとしか考えられなかった。後者だとすれば、浜松藩士のなかでもかなり重要な人物として、もっと人びとの記憶のなかにとどまっていてもよいはずではないか。

こうした諸々の疑問や矛盾は、「千葉忠詮が千葉繁の父親」という仮説を置くことによって、春の雪のように氷解していくのである。むろん新史料が発見されれば、この仮説は反証されてしまうかもしれない。望むところだ。だが学問という営みにおいても、調べられることを可能なかぎり調べ上げた上でなら、最後に残されるのは、研究者による決断である。だから筆者も『機動戦士ガンダム』に登場するギレン・ザビの口吻《こうふん》で、こう述べてみたい。

「あえていおう。千葉忠詮は、千葉繁の父親である」、と。

千葉忠詮が、千葉繁の父親である。このように仮定してみると、いくつかのつながりがみえてくる。

まず千葉繁は天保五（一八三四）年の生まれであるが、このとき忠詮は、父・倚胤のもとで医業を行っている。つまり繁は江戸の本所で幼少期を過ごしたと考えられる。

次に井上家文書の『諸向御届』、安政三（一八五六）年九月一九日の記載に基づくならば、忠詮に勘当された息子・忠作はこの時点で数え二五歳である。一八三四年生まれの千葉繁は一八五六年には数え二三歳であるから、忠作は繁より二歳年長であることになる。つまり長男弥一郎が忠作、二男常太郎が繁である。ちなみにこのような勘当（絶縁）を申し立てる文書は、千葉家に限らずしばしば井上家文書に登場する。たとえば嘉永二（一八四九）年一二月一七日の『諸向御届』では、松倉長蔵という人物に関してほとんど同じ文言が存在する。[13] 長男の行状がよろしくないから縁を切るという物言いは、長男以外に家督を相続する際に必要な常套的なレトリックだったのではなかろうか。つまりこの文書は、忠作と忠詮たちの感情的もつれを意味するというより、忠詮が自らの家業、すなわち井上藩の藩医という立場の後継者として、長男・忠作ではなく、二男・繁を選んだということを実質的に意味しているのではなかろうか。

13――『諸向御届』井上家文書、一八四九年一二月一七日。

## 千葉繁の前半生

以上のように、妄想は果てしなく膨らんでいく。千葉繁の足跡をどのように辿りうるかの思考実験ともなる。

しかし、ここまでで明らかになった事実だけをとっても、千葉繁の来し方は相当に劇的である。ここまでを振り返りながら、彼の前半生を確認しておこう。

千葉繁（通称・欽哉）は天保五（一八三四）年、戦国大名・下総千葉家の末裔と称する、江戸本所の医師・忠詮の二男として生まれた。父・忠詮こと千葉胤邑は、天保七（一八三六）年から九（一八三八）年の間に、浜松井上藩に医師として召し抱えられた。このとき繁は満二歳から四歳までのいずれか。医師であった忠詮から、医学に関する知識を知らず知らずのうちに得ていたであろう。

藩校・克明館が浜松城内に設置されるのは、弘化三（一八四六）年。繁はこのとき一二歳。千葉胤邑は元治元（一八六四）年に本所・法恩寺で葬られているので、おそらく江戸藩邸に通う医師であったと考えられる。したがって繁が、浜松の克明館で学んだかどうかは不明である。しかし千葉繁が一〇代の青年期を浜松藩の教育体制のなかで過ごしたことは確実であり、克明館の教授からも少なからぬ影響を受けたはずである。

安政三（一八五六）年、父・忠詮は、長男・忠作を勘当（絶縁）。このとき繁二二歳。ここから繁が井上藩に仕える道筋が開けてくる。

繁が分限帳に登場し、井上藩に仕官したことが確認できるのは安政六（一八五九）年か文久元（一八六一）年以降。繁は二五歳か二七歳以降。満を持しての登場といえようか。郡奉行だった可能性は、今となってはほぼ否定できるのではないか。父・忠詮は元治元（一八六四）年になくなる（繁三〇歳）。

激動の幕末を経て明治政府が誕生。浜松井上藩は鶴舞六万石に転封となる（一八六八年）。繁はこの転封につき従い、鶴舞の地を踏んだ。その間、繁は、医師の小菅純清と行動をともにすることが多い。

明治五（一八七二）年、鶴舞藩・鶴舞県はすでになく、繁は、なんらかのツテをたどって神奈川県庁に勤務する（三八歳）。しかし明治八（一八七五）年、わずか三年で退職するのとときを同じくして『造化機論』を出版し、翌年の『通俗造化機論』がベストセラーとなる（四一―四二歳）。

ここまでが、筆者による推測もこめた千葉繁の前半生である。依然として、千葉繁本人の肉声は登場しない。家族や遺族がいるかどうかもわからない。この本を読んだ人のなかに、千葉姓をもつ人や、千葉繁という祖先がいたことを知っている方がいらっしゃったら、ぜひご連絡を頂きたく思う。千葉繁の半生は、劇的ではあるが、謎めいてもいる。

とはいえ千葉繁が、それなりに一貫して、父のなりわいでもある医学畑を歩んでいったことは留意しておきたい。父のもとで医学の修業をしたと考えられるし、克明館で漢学・蘭学に触れた可能性も高い。そしてどこかの時点で英学に転じたはずである。さらに鶴舞で行動をともにしたのは藩医の小菅純清であり、賀古公斎とも知己であったことは間違いない。これらのバックボーンが、明治初期の英学史・医学史の隠れた一ページである『造化機論』の出版に大きく影響を与えているとみられる。ここには、近世から近代への激しい変動の時代を生きながら、医学という一つの筋を通した人生が存在していたのではないか——。

ここまでが、本書の前半部分にあたる。千葉繁という人物の来し方を、『造化機論』の奥付からはじめて遡及的に探ってきた。ここで時計の針を、繁が生まれた天保五(一八三四)年に巻き戻してみたい。そこから、千葉の人生をとりまく時代と社会の状況を再構成したい。

以下の章では、士族の近代史、英学史、医学史の知見を総動員して、千葉繁が経験した「セクシュアリティの近代」の一端を明らかにしていく。

第5章

# 浜松藩の千葉繁

## 天保の大飢饉のさなかに生まれる

千葉繁（幼名・常太郎）は天保五（一八三四）年、父・忠詮（胤邑）が診療所を開いていた江戸・本所で生まれた。二歳年上の兄・弥一郎と、姉か妹がいた。本所は現在の東京都墨田区、隅田川の東岸、現在の両国国技館の北方にある。浅草にも程近く、典型的な下町生まれといってよいであろう。ときは天保五（一八三四）年、世は、享保・天明と並び江戸の三大飢饉《ききん》といわれる、天保の大飢饉のまっただ中であった。特に天保四〜七（一八三三〜三六）年にかけての惨状はすさまじく、東北地方では四〜五割の減収がふつうであった。[1] 千葉繁が生まれたのは、そのような危機のまっただ中であった。

ちなみに私たちは、幕末から明治維新に至る動乱を思うとき、嘉永六〜七（一八五三〜五四）年の黒船来航や、坂本龍馬、西郷隆盛、大久保利通らが活躍した一八六〇年代を想起しがちである。それはもちろん間違いではないのだが、他方、この動乱に至る下地は、天保の大飢饉や一八五〇年代の安政地震などの「天災」に対する幕府や諸藩の対応のまずさによって準備されていたように思われてならない。私たちが東日本大震災で経験したように、地震や津波、あるいは飢饉などの自然災害そのものは「天災」というしかない面がある。であるにせよ、それへの対処を適切に行えないことが「人災」と考えられるに至れば、政治体制の根幹をゆるがしかねない。

一八三〇年代に生まれた千葉繁の人生も、これら大飢饉や震災に大きく影響されたに違いない。

私たちはしばしば、「バブル崩壊以降に生まれた若者は、経済成長や金に任せた馬鹿騒ぎを知らないで生きてきたから、その上の世代とは金銭感覚や世界観が違う」などと語り合ったりする。たしかにある時期に起きた大事件が、その時期を生きた人の人生を根本から規定する条件になることはありうる。社会学では同世代集団に対して、歴史的な事件や経験が共通に与える影響を「コーホート効果」というが、千葉繁に限らず、坂本龍馬や西郷隆盛などの幕末偉人の人生を考えるときにも、この観点は重要であるだろう。

## 千葉繁が幼少期を過ごしたのは江戸・本所

父・忠詮が医師として、当時、館林城主であった井上家に召しだされたのは、天保七（一八三六）年から九（一八三八）年のどこか（繁は満二歳から四歳）。忠詮は千葉倚胤（?-~一八四一）の次男である。倚胤は、下総国竹田村、現在の千葉県香取郡神崎町竹田の出身であったが、江戸に出て医者となった。

当時の江戸は、全体として町方《まちかた》人口が急激に増加した時期であった。歴史学者の南和男氏によると、町方ならびに寺社門前町の人口は、天保三（一八三二）年の五四万五六二三人から同一二（一八四一）年の五六万三六八九人へと、増加の一途を辿っていた。[2] これは他地出生者が三・五

1――北島正元『日本の歴史18　幕藩制の苦悩』中公文庫、二〇〇六年、四四六頁。

万人ほど増加していることからみて、江戸の外で生まれた農村出身の人びとが江戸に大量に流入して、通常は町家や武家の奉公人、すなわち都市下層民として住み着きはじめた影響が大きい。千葉繁の祖父・倚胤も、そのように江戸に流入してきた一人だったのであろう。

彼らが診療所を開業していた場所は、本所のどこかであるはずだが、具体的な場所は不明である。近年、江戸東京散歩の必需品と化した感もある『江戸切絵図』の「本所絵図」[3]を、巨大なルーペとともに探してみても、千葉という姓をもつ人は登場しない。少なくとも絵図に載るような家主層でなかったことは確実である。

とすれば千葉忠詮は、店借《たながり》、すなわち賃貸で診療所を開業していた医者の一人だったのではなかろうか。本所とは異なるが、上野御徒町の御家人の組屋敷などでも、武士以外の身分、たとえば御坊主衆《おぼうずしゆう》、学者、医者などが地借《ぢがり》することは珍しくなかった。[4]また文政一一（一八二八）年の「町方書上《まちかたかきあげ》」に基づくと、本所の居住戸数五八三五のうち、店借戸数は四四一〇であり、店借の比率は七五・五％。店借比率は最高が深川の八二・五％、最低が下高輪門前町五八・〇％、平均は七〇・三％なので、本所は深川の八二・五％に次いで、店借比率の高い地域である。つまり本所は、都市下層民が比較的多い地域であった。[5]千葉家が香取郡竹田から江戸に出てきたという経緯を踏まえれば、千葉忠詮が店借の開業医だとみることはさほど不自然ではない。

前章でみたように、井上正春が大阪城代だった天保九（一八三八）年四月から同一一（一八四〇）年一一月の間のどこかで、千葉繁の父・忠詮は両親、すなわち倚胤夫妻を江戸に招いて同居をはじめ、身の周りの世話や介護をした。このとき繁は四―六歳。幼少時に祖父母との三世代同居を経験したことになる。祖父・倚胤、父・忠詮ともに医者であり、幼い頃より繁も医学の知識に親しんだと考えられる。ちなみに倚胤は天保一二（一八四一）年一〇月一八日に本所で死去し、法恩寺に葬られた。妻も前年に死去していた。繁は弥一郎（のちの忠作）、姉（か妹）からなる三きょうだいであり、彼らと忠詮夫妻・倚胤夫妻の三世代同居は、長くて六年程度続いたと考えられる。

## 家芸人として生きた忠詮

千葉忠詮が、東洋医学を基盤とする漢方医だったのか、それとも、急成長を遂げつつあった蘭方医だったのか、残念ながら現時点では史料がない。しかし司馬遼太郎は『胡蝶の夢』のなかで、安政年間には「御三家以下諸藩では、外科は蘭方医を召抱えることが流行し、たとえ蘭方医がいなくても町方の蘭方医に頼んだりして、漢方の外科を信用しなくなりはじめている」と記している[6]。この観察が正しいとすれば、一八四〇年頃に召しだされた忠詮が、藩医に取り立てられるほ

2――南和男『幕末江戸社会の研究』吉川弘文館、一九七八年。
3――戸松昌訓著「本所絵図」『江戸切絵図』尾張屋清七作、一八六三年。
4――安藤優一郎『幕末下級武士のリストラ戦記』中公新書、二〇〇九年、二二頁。
5――南和男、前掲書、六頁。
6――司馬遼太郎『胡蝶の夢』新潮文庫、第一巻、一九八三［一九七九］年、二七七頁。

どには腕の立つ「町方の蘭方医」であった可能性も捨て切れない。

むろん確実な話ではない。しかし忠詮が倚胤の死去後、家督を相続して本所の診療所を継承してからは、千葉権介・胤邑と称したことはたしかである。このとき忠詮四〇歳、繁は七歳。忠詮は浜松井上藩に召し抱えられたわけだが、浜松で生活したとは考えにくい。なぜなら先にみたように、忠詮は倚胤夫妻を江戸に引き取っているし、忠詮が元治元（一八六四）年一一月に逝去したときには、本所の報恩寺に葬られているからである。[7] おそらく忠詮は、井上藩邸に通う江戸詰の藩医として生涯を過ごしたと考えられる。

ちなみに医学史家の土屋重朗氏によれば藩医は、「一応公の職で、何人扶持《ぶち》、給金何々と給与が出たが、許可をえれば町の人たちの診療をもすることができたし、家塾を開いて医学・漢学なども教授することができた」[8]。忠詮もそのうちの一人だったのではなかろうか。当時の浜松井上藩の上屋敷は日本橋浜町、現在の水天宮から徒歩三分の場所にあった。[9] 本所から浜町までの距離はせいぜい一～二㎞。忠詮は本所の診療所を経営したまま、ときおり井上家藩主の診療に出向いたとみてよいだろう。

実は井上藩では、一九世紀になると、このような形で医師、儒者として召し抱えられた人物が少なくない。というより『藩士大辞典』に名を残すような人物のほとんどがそうである。すでに何度か名前が出ている賀古公斎、村尾元融、名倉予何人《なぐらあなと》などがそれに該当する。代々藩主に仕えた家臣だけでなく、いわば能力重視の中途採用で、その才能や技芸を認められて藩士となった人物が徐々に存在感を増していく。名著『武士の家計簿』の著者・磯田道史氏（一九七〇〜　）はこうした存在を「家芸人」と呼んで、侍、徒士《かち》、足軽・中間と区別している。磯田氏によると侍層は一七世紀までは新規取立・召出《めしだし》が活発だったが、一八世紀以降、領民から取り立てられることがほぼなくなる。徒士を侍に昇格させる「立身」すら稀有になっていく。これを「侍の家の固定化」という。しかし医師・儒官などの家芸人は図5―1の⑧のように、召し抱えられたり、養子になることがありえた（次ページ）[10]。このような家芸人の世界では、相続原則がゆるやかで、長子相続が絶対ではなく、家芸に優れた末子が家を継ぐ例は珍しくなかった。実子がいても、養子に継がせることさえあったという[11]。

この議論は、千葉忠詮の家業を誰に継がせるかに関しても、ピタリとあてはまる。そもそも忠詮が安政三（一八五六）年に、長男・忠作を絶縁したのは、次男・繁に浜松・井上藩士としての道を進ませるためだったのではないか。なぜなら「武士の世界では、一つの家から御城にあがって勤務するのは、原則として当主一人と嫡子だけ[12]」という原則が存在したからだ。父・忠詮は二

7――法名は、本光院殿相意忠詮日礼大居士。以上、山田勝治郎「下総千葉氏末葉考」（『千葉文華』第一五号）による。
8――土屋重朗『静岡県の医史と医家伝』戸田書店、一九七三年、四九頁。
9――現在、中央区日本橋人形町二―三五―一四、日本海苔会館を中心とする区画。
10――磯田道史『近世大名家臣団の社会構造』東京大学出版会、二〇〇三年、三六五頁。
11――磯田道史『武士の家計簿』新潮新書、二〇〇三年、四五頁。

図5-1　近世大名家臣の社会構造

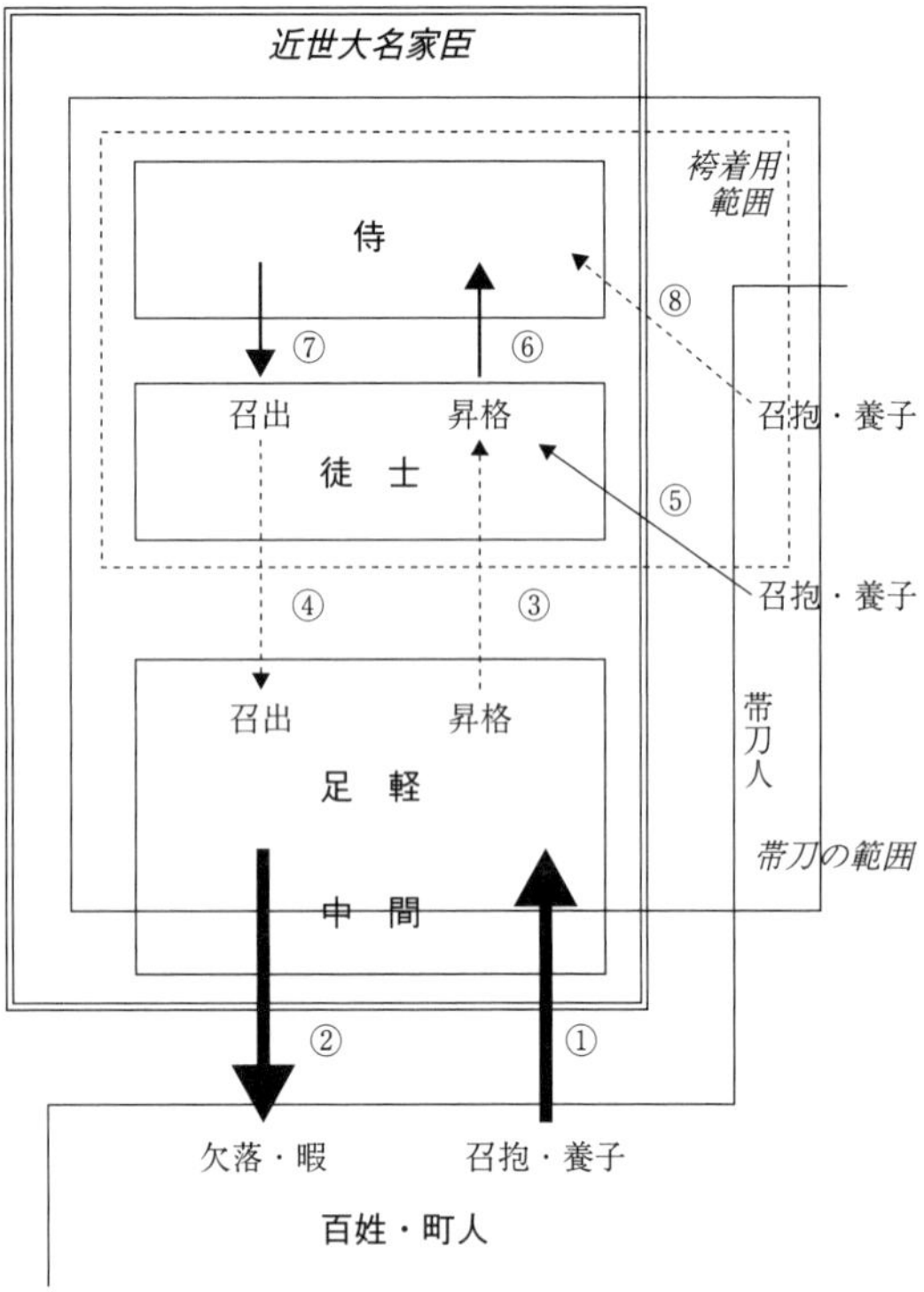


磯田道史『近世大名家臣団の社会構造』364頁より

二歳となった繁に、浜松藩に出仕させる決断をしたと考えられる。

さらに忠詮が元治元（一八六四）年に逝去したあと、家督を相続し、家業の医師を継いだのは長女聟の続胤《つぎたね》（一八四〇〜一八七二）であった。これは「実子がいても、養子に継がせる」パタンである。続胤は千葉県山辺郡上谷村に住み、明治五（一八七二）年一一月一〇日、三二歳で没したことが確認されている。[13] 奇しくも三八歳の繁が神奈川県庁に出仕した年である。自分より六歳も若い、義理のきょうだい（弟であろうか）の葬儀には、きっと繁も参列したことであろう。忠詮の長女は若くして未亡人となったはずだが、誰が彼女のその後をサポートしたのだろうか。なお家督は、続胤の甥である豊胤（豊次郎、一八五一〜一九三七、八六歳で死す）が継いだ。

## 千葉繁はどこで、どういう教育を受けたのか

繁はおそらく幼少期を江戸で過ごした。父・忠詮は、長男弥一郎、二男常太郎にどのような教育を受けさせることを望んだのだろうか。これまた史料がない。しかし忠詮が浜松藩の藩医となった以上、繁に対しても浜松藩士になるべき人間としての教育を受けさせたと想定することは不自然ではない。実のところ医家としての千葉家を継いだのは、勘当された忠作でも、千葉繁でもなく、長女の婿である続胤であった。繁に対しては、町医者としてではなく、浜松藩士として生きることを望んだのかもしれない。

浜松藩の子弟教育については、静岡県の郷土史家・内田旭氏を中心に分厚い研究の蓄積がある。以降、内田旭氏の「浜松の藩学」や『遠州産業文化史』などの記述と照らし合わせながら、ありえた可能性について考えてみたい。[14]

12——磯田道史『武士の家計簿』二四頁。
13——山田勝治郎「下総千葉氏末葉考」『千葉文華』第一五号、一九八一年、六三頁。

まず千葉繁が青年期を江戸で過ごしたと仮定した場合、村尾元融（一八〇五〜一八五二）の薫陶を受けた可能性がある。嘉永元（一八四八）年六月、井上家の江戸藩邸では、元融が儒者として採用され、藩主または藩士のために書を講ずることとなった。土屋重朗氏によると、元融は代々医家であった村尾薫覚《くんかく》の三男として生まれ、文政二（一八一九）年、江戸の朝川善庵の門下となり、儒学、医学を修めた。[15] 渡辺崋山とも交友があったという。元融は嘉永二（一八四九）年に『続日本紀考証』を脱稿するが、一二巻の大部であり、生存中、上梓に至らなかった。死後、養子・元矩が出版に奔走《ほんそう》し、明治三（一八七〇）年、鶴舞藩知事となっていた井上正春の息子・正直の援助により、稲田佐兵衛らが刊行元となって出版にこぎつけた。

元融は医家の家系だが、浜松藩では儒者として振る舞ったという。彼は江戸末期の浜松における漢学的素養を代表する知識人であった。千葉繁との接触がありえたとすれば、嘉永二〜六（一八四九〜五三）年のわずか四年間に過ぎないが、千葉が一五歳から一九歳の多感な時期に、村尾に教導された可能性は少なからずある。

ちなみに稲田佐兵衛とは江戸の大書肆《しょし》・山城屋佐兵衛の別名であり、『造化機論』の版元と同一人物である。『造化機論』の奥付には、稲田佐兵衛の住所は「日本橋二丁目十九番地」となっており、江戸の商業の中心地にあった。鶴舞藩の上屋敷（日本橋浜町）とも至近距離である。千葉繁が『造化機論』を出版する際にも、鶴舞藩とそれなりの関係を有していたはずの書肆・山城屋佐兵衛とのルートを利用したのだろうか。ただし井上正直などの鶴舞藩の関係者が、直接的に千葉に稲田佐兵衛を紹介したとは考えにくい。なにしろ千葉が『造化機論』を刊行したのは、鶴舞を離れてかなりの時間が経過してからだからだ。ただ村尾元融の遺稿が稲田佐兵衛によって刊行されたことを、千葉繁は当然、知っていただろう。そのときのツテを頼りに稲田佐兵衛に出版企画をもちかけた可能性がないとはいえない。

次に、千葉繁が青年期以降、浜松で暮らしたと想定してみよう。その場合、浜松藩の藩校・克明館となんらかのつながりがあったと考えられる。井上家が二八年ぶりに浜松への復帰を果たした弘化二（一八四五）年、浜松城近くの高町には、前の藩主・水野忠邦が設立した藩校・経誼館《きょうぎかん》が残されていた。一一月に入封した第九代当主・井上正春は、翌年ここに藩校・克明館を設立する。歴史学者の小川和也氏（一九六四〜）によると、宝暦以前（〜一七五〇）までに設立された藩校は四一、それに対して宝暦から慶応三（一八六七）年までに設立された藩校は二〇〇校。すなわち近世期の藩校二四一のうち、圧倒的大多数は一八世紀半ば以降に設立されたものである。[16]しかもその多くは「国家有用の人材」を育成することを目的としており、藩政改革の時期とも一致するという。

克明館もまた、そのような目的のもとに設立された藩校の一つである。鶴舞時代の「校則」に

14――内田旭「浜松の藩学」『郷友』一号、一九五五年。浜松史跡調査顕彰会『遠州産業文化史』一九七七年。
15――土屋重朗『静岡県の医史と医家伝』戸田書店、一九七三年。
16――小川和也『文武の藩儒者・秋山景山』吉川弘文館、二〇一一年、一七頁。

は、「学校ハ一国教化ノ本、人材育成ノ地ニシテ、人倫、日用ノ行事之ヲ以テ準《のり》トシ」「国家盛衰ノ大業ヲ賛成スルノ基ヲ立ベキ」と、その目的が記されている。士農工商などの身分制から、天皇制下の四民平等への移行を端的に示していると考えられる。それゆえ（というべきであろう）、藩士の子弟のみならず、城下の町村子弟にも門戸が開放された。

克明館教則によれば、「講義毎月六回、輪読毎月十二回、詩文毎月六回、筆話寄宿生毎日」とあり、学科は儒学（朱子学）、洋学、医術（蘭法）であった。

教科書や生徒の就学年齢・期間・各等級の進学状況については不明ながら、江戸藩邸でも、藩士の子弟に対して克明館と同様の教育がなされた[17]。ちなみに鶴舞に移転後の克明館では、支那学、洋学、算術、手跡（書道）からなる文系四科目と、兵学、馬術、槍術、砲術など九科目からなる武術があった。「生徒は必ず文武を兼修すべき定めで、藩士の子弟は、凡《およ》そ八歳に達すれば、必ず入学すべきもの」とされ、八〜一四歳までは小学、一五歳以上を大人の学とした[18]。

入学年次について、浜松と鶴舞で同じ規則が適用されていたとすれば、繁は数え八歳（満七歳）の天保一二（一八四一）年頃、浜松藩の子弟としてその教育制度のもとに入り、弘化三（一八四六）年、満一二歳以降、藩校・克明館で学んだことになる。現在ならほぼ中学生から高校生に当たるティーンの時期を藩校・克明館で過ごしたというわけだ。何歳で卒業したのかは不明だが、仮に一九歳まで在籍したとすれば嘉永六（一八五三）年、ペリーの黒船来航の頃までは克明館で修業の日々を過ごしていたはずだ。

浜松の克明館では城代が文部掛となり、その下に教授、助教、句読師、そして小使がついた。浜松では教授二、助教四、句読師四名、小使二名の一二名体制、江戸藩邸では教授一（村尾元融）、助教二、句読師三名の七名体制だった。まるで国立大学の小さな研究室を思わせる体制である。

なお浜松には教官として、安政五（一八五八）年まで名倉予何人（一八二二～一九〇一）がいた。名倉は若い頃、昌平坂に遊学して佐藤一斎・安積《あさか》良斎《ごんさい》の門人となっており、漢学の素養を身につけたが、嘉永三（一八五〇）年、二九歳の頃には、教官就任中にもかかわらず江戸で一年間、箕《み》作阮甫《つくりげんぽ》（一七九九～一八六三）やその婿養子の秋坪《しゅうへい》（一八二六～一八八六）に師事して洋学を学んでいる。現在なら大学教員が数年に一度取得できる（こともある）サバティカル制度のようなものであろう。千葉繁も名倉から直接学んだ可能性はあるが、少なくともその名前を知っていたに違いない。

注目すべきは、克明館の蔵書である。これらの蔵書は、幕末の井上藩で藩政改革を担った岡村義理の財政的支援のもと、「疱瘡《ほうそう》医者」の異名をとった蘭方医の賀古公斎が選定にあたったといわれており、「大概一万三千、但三千は江戸藩邸校舎ニアリ」という。浜松のほうが多いが、江戸藩邸でも決して少なくない。その特徴としては、蔵書購入を支援した岡村義理が「成丈ケ西洋書を集メ、浜松へ可相廻《あいまわすべし》と相心得《あいこころえ》罷在候《まかりありさうらう》」と三河吉田藩士・柴田猪助に書状をしたためてい

17――浜松史跡調査顕彰会『遠州産業文化史』一九七七年。
18――千葉県教育史会『千葉県教育史』巻一、一九三六年、八七頁。

ることからも窺える。[19] 浜松藩は、その当時にあって洋書・洋学導入にもっとも積極的な態度をとった藩の一つといえる。実際、慶応年間の「克明館蔵書目録」をみると、蕃書として『三兵答古知幾《さんぺいたくちき》』『火攻精撰』『砲台新式』など兵学、兵術を中心とした書籍が八三冊挙げられており、[20] 藩学における洋書導入の凄まじさを思い知らされる。

このような勉学環境のもと、千葉繁は多感な青年期を過ごした。この頃の藩校教育をみると、まずは伝統的に漢文・儒学の知識が導入され、しかるのち当時、最新の流行というべき洋学・蘭学を学ぶというパタンが存在している。ただし『造化機論』の訳述に直接つながる英学の知識には、当時の繁はまだ触れえなかったはずである。なにせ黒船来航以前のことである。しかし後年、英語の原著を漢文風に、しかもかなり正確に訳出してみせる能力の基礎がこの頃築かれたとみることは許されるだろう。

## 黒船来航と安政地震

天保の飢饉、黒船来航、そして浜松を襲った安政地震（一八五四）、江戸を襲った安政大地震（一八五五）。度重なる災害や国難を適切に処理しきれなかったことによって、幕藩体制は大きく揺らぎ、怒濤《どとう》の明治維新へとつながっていく。多くの幕末有名人が日本国家の再生を目指して「草莽《そうもう》の士」となる頃に、千葉繁は青年期を迎えている。合衆国の提督マシュー・ペリーが浦賀に来航し、日本の開国を求めた嘉永六（一八五三）年、千葉繁は血気盛んな一九歳であった。人生最大の高揚期を幕末の大混乱、あるいは新生国家への胎動とともに過ごしたはずである。

しかし浜松藩のほうはこの頃、文字通り激震に揺れていた。黒船来航に騒然となった安政元（一八五四）年一一月四日、東海道沖を震源とするマグニチュード八・四の安政東海地震が発生し、関東一円は大きく揺れた。浜松の推定震度は五から六。江戸でも震度五はあった。多数の家屋が倒壊し、田畑・堤道・橋などに大きな被害があった。

さらに翌安政二（一八五五）年一〇月二日、マグニチュード六・九の直下型地震が江戸の町を襲った。安政江戸地震である。地盤の軟弱な下町では震度六で、死者数が多かった。発見された死者数だけで、深川一〇八六人、本所八五八人、吉原六三〇人、浅草五七八人とされている。[21] 地震に続いて、小川町や新吉原で出火があり、多くの人が亡くなった。死者数は町方だけで四〇〇〇人以上、倒壊・消失家屋が一万四〇〇〇戸以上であったという。

父・忠詮が診療所を開いていた本所は、被害のもっとも大きかった地域の一つであった。もっとも千葉一家の生死に別条はなかった。しかし震災の悲惨な現実を目の当たりにし、苦難の日々を過ごしたにちがいない。

武士の死亡者数も、町方に劣らず多かった。「震災動揺集」では、一万石以上の大名から届出

19――浜松史跡調査顕彰会「善仲翁をめぐる書簡集」『遠州産業文化史』一三三頁。
20――『遠州産業文化史』一七一―一七三頁。
21――野口武彦『安政江戸地震』筑摩書房、二〇〇四年、七六頁。

のあった死者数だけで二〇六六人。実数はさらに多かったであろう。日本橋浜町の井上家上屋敷でも、玄関や座敷は全潰、奥の住居は半壊、即死二六人、怪我人一八人であった。[22]時期は異なるが文化年間、江戸藩邸には医師以外の武士が一〇二人、足軽四八人、中間二〇〇人など計五〇〇人がいた。[23]ここから計算すると、浜松藩の罹災率《りさいりつ》は約九％となる。

二〇歳から二一歳にかけての千葉繁が、浜松にいたのか江戸にいたのか詳《つまび》らかではない。おそらくまだ本所の診療所にて忠詮と同居していた可能性が高いと思われる。いずれにせよ、この二度の大震災を、身をもって体験したことは確実である。

本来、地震や津波や水害は自然災害であり、「天災」である。しかし時の政治権力がそれへの対処を誤れば「人災」と認識され、体制を変革するための強力なきっかけともなりうる。これは近年の東日本大震災で私たち自身が体験したことでもある。千葉繁が生まれてからの二〇年間は、幕藩体制が、そのような危機の対処にことごとく失敗し続け、ゆるやかに崩壊の道を歩み続けた時間でもあった。

黒船来航の嘉永六（一八五三）年、千葉忠詮は長男・千葉忠作を勘当した。そのことによって、次男・繁が浜松藩に出仕する道が開けた。すでに確認したように、千葉繁が浜松藩の記録に現れるのは一八五九年ないし六一年以降。忠詮は元治元（一八六四）年、六一歳でこの世を去り、家督ならびに本所の診療所を、婿養子の続胤に譲っている。続胤は浜松藩の家来にはなっていないので、「浜松家家来」という立場は繁が受け継いだわけである。その場合、千葉繁は遅くとも元治元（一八六四）年までに浜松藩士となったはずだ。江戸詰の藩士だった可能性もあるが、「井上藩御家中中小姓以上名前帳」の記述を重視すれば、浜松城にほど近い高町に居を構えたとも考えられる。

## 岡村義理の藩政改革

とはいえ千葉繁の行動や肉声はまだ歴史の記録の中に姿をみせてはいない。それにしても、黒船来航と二度の安政地震を経て、譜代大名でもあった浜松井上藩は、一八六〇年代の激動の幕末をどのように対処してきたのか。千葉繁はその激動をどのように過ごしたのだろうか。『浜松市史』などの成果を参照しながら、若干の検討を試みておこう。[24]

黒船来航以降、日米和親条約（一八五四）、日米修好通商条約（一八五八）を経て、江戸の幕藩体制が大きく揺らいでいく。その過程で水戸藩を中心とする尊皇攘夷、薩長土肥に代表される天皇中心の親政（のちに開国、富国強兵路線）、雄藩連合による幕府改革など、日本という国家をめぐるあり方に関して、さまざまな路線対立が生まれた。

そのような激動期に、浜松井上藩はどのように振る舞ったのか。これ自体、別の著作を要する

22——武者金吉編「震災動揺集」『日本地震史料』一九五一年、五四五頁。
23——小幡重康編「足立庄助記録」『鶴舞藩の沿革（前編）』南総郷土文化研究会、一九六六年、七五頁。
24——浜松市編『浜松市史』（復刻版）、臨川書店、一九八七年。

興味深い話題である。そもそも井上家は徳川幕藩体制のなかでは由緒《ゆいしょ》正しき譜代大名である。二代・正利、四代・正岑《まさみね》、六代・正経、九代・正春、一〇代・正直と、五人もの当主が幕閣の中核というべき老中の地位に上り詰めている。それゆえに、というべきか、黒船来航以降も、幕藩体制の存続に尽くす佐幕派としてのポジションを保ち続けた。しかしそれは単なる守旧を意味しない。黒船来航以降、太平洋沿岸を通過し始めた外国の軍艦を目の当たりにし、好むと好まざるとにかかわらず、幕藩体制を維持させるための藩政改革を進めなければならない立場に置かれていた。

浜松はその地政学的配置から、太平洋岸の警護を任じられることが多い。したがって井上藩の幕政改革も、洋学を積極的に導入することを通して海防力を強化し、次いで克明館などの藩校教育によって広く人材を育成しようとした。その中心にいたのが岡村義理である。

岡村義理は、千葉繁が生まれた天保五（一八三四）年に、井上藩の所領・近江国蒲生《がもう》郡石寺村の郡手代となり、天保九（一八三八）年には大坂蔵屋敷詰郡奉行として藩の資金融通に尽力した。その後、一〇代藩主・正直の側用人兼旗奉行、家老となる。岡村の功績は、藩財政の改革、『海防私考』（弘化四＝一八四七年）などの著作における海防強化の提言、藩校・克明館の開設、四ケ池・三方原の開拓、藩札の発行など多岐にわたる。

岡村の政策は一貫して洋学導入による海防強化、蘭学・洋学に詳しい人材の招聘・育成を基盤としていた。播州領内の蘭学者・村上代三郎に命じて硝石の製造に着手したり、長男・新三郎

（のちの飯島新三郎）、次男・貞次郎（のちの岡村義昌）らを大坂適塾に入塾させて蘭学を学ばせたり、賀古公斎を克明館に迎えて洋書の選定に当たらせている。一八五〇年代には、八面六臂の活躍をみせていたといってよい。だが文久元（一八六一）年、西洋流の火器採用を唱えて、改革の性急さに反発する他の家老たちの不興を買い、蟄居閉門の憂き目にあう。その後、鶴舞に移転する明治二（一八六九）年頃まで、父子ともに軟禁状態となる。[25] あまりに急進的な改革派であったがゆえに、守旧派の人びとによって失脚させられた、というのが岡村氏の側からみた事情である。

岡村父子が、千葉繁と直接の交流があったかどうかはわからない。しかし岡村父子による一連の洋学導入が、浜松井上藩の知的基盤に大きな影響を与えたことはまちがいない。先に述べたが、克明館には約一万三〇〇〇冊の蔵書があり、そのうち三〇〇〇冊は江戸藩邸の校舎に存在したと言われている。内田旭氏は克明館の蔵書の一部を明らかにしているが、[26] その「蕃書《ばんしょ》」の項目は『火攻精撰』『砲台新式』『兵学小識』など、ほとんど軍事関連の書籍で占められている。その偏りは、浜松藩の洋学が軍事的技術の輸入という実学的要素を強く有していたことを示している。そして浜松藩はペリー来航以降、東海道沖の海防を担い、安政三（一八五六）年には米津台場《よねづだいば》という砲台を建造している。二〇一三年の大河ドラマ『八重の桜』前半の実質的主人公というべき、会津藩士の砲術指南役・山本覚馬《かくま》が直面していた状況を彷彿とさせる。

25——岡村龍彦『岡村父祖事蹟』堀内文治郎、一九四三年。
26——内田旭「克明館蔵書目録」『土のいろ』九巻四号、一九三二年。

また岡村義理が大坂などでの個人的な人脈を生かして、洋学を担う人材を積極的に育成・登用したことも、幕末の浜松藩にとって重要であった。前章で紹介した医学者・賀古公斎も義理に誘われて、浜松藩に出仕することになった。義理と公斎との交友関係は、義理が蟄居閉門を命じられ軟禁状態となる中でも継続し、医師という資格で公斎は義理のもとを訪ねることができたという。公斎はのちに千葉繁とも知り合うことになる。

また義理の息子、飯島新三郎（一八二七〜一八八九）は、弘化三（一八四六）年に大坂で緒方洪庵の適塾にて蘭学を、熊本で高島秋帆《しゅうはん》から西洋兵学を学び、弟・岡村貞次郎とともに兵制改革の中心を担った。岡村貞次郎は適塾入塾中に、当時、適塾でも一冊しかなかった高価な蘭和辞書、『ヅーフ・ハルマ』を所有しており、その学資の豊かさで有名であった。後年、岡村家は貞次郎が使用していた『ヅーフ・ハルマ』を緒方洪庵記念保存会に寄贈し、貞次郎はそのことでも適塾史上に名を残している。

さらに岡村義理は、緒方洪庵の門下生・村上代三郎と親交があった。代三郎はまず幕命で開成所の教授となり、その職を辞した後、義理は代三郎を浜松に迎え、砲台・築城術を藩士に伝えさせた。また幕府昌平黌で学び、克明館開設とともに教授となった名倉予何人も、義理と軍制改革を共にしている。名倉は文久から明治にかけて計四回、清国ならびにフランスに渡航しており、海外の様子を実体験して藩に伝える役割を果たした。

さらに足立良斎（双松、一八二七〜一九〇五）は、江戸に出て竹内渭川院《いせんいん》のもとで蘭医学を学び、二八歳で浜松に帰り、私塾を経営した。岡村義理の孫・輝彦、賀古公斎の息子・鶴所などを教育し、克明館に送り出した。のちに藩医、克明館教授も兼ねた。蘭学のみならず英語の研究も怠らなかった。[27]

このように岡村義理は、一八五〇年代の浜松藩を、蘭学や英学の導入によって急速に改革していった。この中で注目しておきたいのは、安政三（一八五六）年、播州の浜松領で**voordeelig**（便益）というオランダ語が印刷された藩札が、義理主導のもとで発行されたことである。この当時、浜松井上藩でオランダ語を理解することができたのは村上代三郎、賀古公斎、飯島新三郎、岡村貞次郎くらいであったといわれている。[28] このとき千葉繁は二〇歳。いまだ蘭学・洋学を自家薬籠中のものとするほどの段階には至っていなかったかもしれない。ただし、このような洋学志向の藩士が同じ藩内に存在し、克明館で教鞭をとっていたことは、千葉の人格や知識形成に少なからぬ影響を与えたにちがいない。

岡村義理は安政二（一八五五）年に「御為筋申上げ覚書」という藩政改革の指針を藩主・正直に建言しているが、克明館の教育方針を次のように述べている。

御家中壮年の者幷《ならび》に幼若の者等器量御選挙の上数十人横文字相学ばせ候様仕度事

27――土屋重朗『静岡県の医史と医家伝』戸田書店、一九七三年、二二〇―二二一頁。
28――『浜松市史』三八七頁。

但読習はせ候に付、町医師加古公斎へ御出入扶持被下候て日々早天克明館にて素読仕らせ、ほぼ文字相働き候様に相成候《あいなりそうら》はば村上代三郎手に付け解読方被為命度事《めいぜられたきこと》。29

つまり藩内で能力のある者数十人を選抜して、賀古公斎と村上代三郎の指導のもとで横文字を学ばせるというのである。夢想を逞しくするならば、千葉繁もまた「横文字」、すなわち洋学を学ぶべき一員として選抜されたかもしれない。というのも千葉繁はこのあと明治に入ってから、賀古公斎と行動をともにするからである。

岡村義理の幕政改革は文久元（一八六一）年、義理・義昌父子の蟄居閉門により頓挫する。しかし佐幕派の最右翼ともいうべき浜松藩に、蘭学・洋学に長けた人物を大勢招聘した岡村の功績は大といわざるを得ない。特に千葉繁が賀古公斎と知りあったことは、その後の人生に大きな影響を与えたはずである。

ここで賀古公斎の人生について、簡単にふりかえってみよう。

賀古公斎は文政二（一八一九）年、大坂で生まれた。一四歳で父を亡くし、その後篠崎小竹《しのざきしょうちく》に入門。二〇歳で江戸に出て、昌平黌に長く勤めた儒学者・古賀侗庵《どうあん》の久敬舎《きゅうけいしゃ》、さらに長州藩の藩医（蘭医）であり、緒方洪庵の師匠でもある坪井信道《しんどう》に学んだ。二三歳で長崎に遊学し蘭医書の翻訳などを行い、二七歳のときに大坂で医業を開始する。このころ岡村義昌（貞次郎）と親交を結び、嘉永四（一八五一）年、江戸に向かう途中で、浜松に足をとどめた。そのさい岡村義理に誘われて、この地の人となった。しばらくは民間で医業を営み、嘉永五（一八五二）年の冬から翌年春にかけて、大坂適塾の緒方洪庵から取り寄せた痘苗《とうびょう》で種痘《しゅとう》を試みた。そこから疱瘡医者とあだ名されたという。安政六（一八五九）年、掛塚浜に異国人が上陸した際には飯島義幸とともにオランダ語で応接にあたった。それをきっかけに同年一一月、浜松藩に召し抱えられた。[30]

## 千葉繁の二〇代

この間、千葉繁はどのように二〇代を過ごしたのだろうか。すでにみたように、安政三（一八五六）年、父・忠詮は長男・忠作を勘当し、絶縁している。このとき次男の繁は二二歳。この勘当がどのような事情によるものか、詳らかに知ることはできない。父子の感情的な対立があったのかもしれないし、単に長子優先の相続原則のもとで、次男・繁に跡を継がせるための方便だったかもしれない。ただ父・忠詮が浜松藩士の地位を繁に譲ろうとしたことは確実である。こうして、繁が井上家に仕官するルートが開けてくる。

千葉繁が浜松藩の分限帳に登場し、浜松藩士となったことが記録上で確認できるのは安政六（一八五九）年か安政八（一八六一）年以降のことである。このとき繁は二五歳か二七歳以降。千葉繁は父・忠詮、義理のきょうだい・続胤ら家族との交わりの中で医学知を身につけると同時に、賀

29――『岡村祖先事蹟』五四頁。
30――土屋重朗『静岡県の医史と医家伝』二一六―二一八頁。

古公斎らとの交際を通して、儒学、蘭学、洋学などの基礎的素養を獲得していった。社会学の用語でいえば医学知という文化資本と、浜松藩の洋学者たちとのネットワーク、すなわち社会関係資本《ソーシャル・キャピタル》が、幕末から明治初頭にかけての繁の職業的キャリア移動を可能にしたといえるかもしれない。浜松藩の種痘医から、神奈川県庁に勤務する公務員となり、ベストセラー『造化機論』の訳者へという「華麗なる転身」を基礎づける知的・人的基盤が、この時期に築かれていった。

## 英学を身につけた千葉繁

ところで明治を迎えるまでに、千葉繁の英学の力量はどの程度磨かれていたのか。間接的に伝える資料が、一つだけ存在する。

明治期の六大教育家の一人とされる人物に近藤真琴《まこと》（一八三一～一八八六）がいる。大村益次郎について蘭学・兵学を学び、文久三（一八六三）年に私塾・攻玉社《こうぎょくしゃ》を設立するが、明治五（一八七二）年に東京府に対して「私学開業願」を提出している。そこに攻玉社に勤務する各教員の履歴が書かれているのだが、この中に木更津県貫族の田中貫一という英学教員がいた。フランス史や米国史を講義した人物であるが、攻玉社の教員名簿には、概ね次のような意味の記載がある。

慶応三（一八六七）年三月より英学を千葉欽哉に従い学ぶ。明治二（一八六九）年より明治三年まで箕作秋坪に従学、翌年より圓山俊輔へ従学。同年九月から当塾に入塾、英学算術を修業し、英学を教授していました。[31]

この田中貫一なる人物は、慶応年間の終わりから明治三年にかけて、英学を学ぶために箕作秋坪などの洋学者のもとを転々としていた。彼が最初に英学を学んだのが千葉欽哉（繁）であった。慶応三（一八六七）年三月のことである。田中は「壬申二十二歳」とあるので、千葉繁より一七歳年下。三三歳の千葉繁が一六歳の田中貫一に一、二年間、英学を教授したことになる。

木更津県貫族ということは、田中貫一はおそらく鶴舞藩士であり、このときには浜松藩士の子弟だったはずである。浜松井上藩の分限帳「従四位井上河内守家臣名簿」には、田中姓を持つ者は一〇人存在するので（下の名前は醒《せい》、庸義《つねよし》、泰稠《やすしげ》、寿庸《ひさつね》、伝次、誠富《あきとみ》、忠道、判米《はんべい》、茂市、善次郎）、この中の誰かの親族であろう。千葉繁が藩校・克明館に教授として勤めていた記録は存在しないので、私塾を開いていたか、個人的に田中貫一に教授していたと思われる。慶応三年三月は大政奉還のわずか七カ月前。徳川最後の将軍・慶喜が兵庫開港の勅許を得るべく奮闘していた時期である。この頃までには千葉繁は、浜松井上藩内で、藩士の師弟に英学を教授しうるほど

31——原文は、「慶應三丁卯年三月ヨリ英学千葉欽哉え従学　明治二己巳年ヨリ明治三庚午年迄箕作秋坪え従学　翌年ヨリ圓山俊輔え従学　同年九月ヨリ当塾え入塾　英学算術修行罷在　且英学教授罷在候」。『近藤真琴資料集』攻玉社学園、一九八六年、三六八頁。

に英語・英学に詳しい人物としての名声を得ていたわけである。
そして千葉繁は、明治維新の激動を迎えることになる。

# 第6章

# 鶴舞藩の千葉繁

千葉繁が歴史の舞台に登場するのは一八六〇年代も後半を過ぎてからである。井上家文書において、千葉欽哉の名前を最初に確認できるのは慶応元（一八六五）年一二月一七日の『諸向御届』であることはすでに述べた。このとき千葉繁は三一歳。前年に父・忠詮を亡くしている。この時点で千葉繁は、浜松井上藩のなかで唯一、千葉姓を有する家臣として、すなわち千葉忠詮の地位を継ぐものとしてそこにいた。彼が仕えているのは一〇代目藩主、井上河内守正直である。

正直は天保八（一八三七）年一〇月二九日に生まれ、弘化四（一八四七）年に父正春の逝去後、弱冠二〇歳で藩主となった。千葉繁からみると三歳年下にあたる。その後、奏者番、寺社奉行を務め、文久二（一八六二）年一〇月九日から元治元（一八六四）年七月一二日、さらには慶応元（一八六五）年一一月二六日から慶応三（一八六七）年六月一七日までの二度にわたり、老中の地位にあった。千葉繁が歴史の舞台に登場した慶応元（一八六五）年一二月には、正直は二度目の老中の座についたばかりであった。

実はこの年までに千葉繁は妻帯し、最初の子どもを授かっている。妻の名は里、長男の名は富三郎または富太郎である。

なぜそのことがわかるのか。二つの史料が教えてくれるのだ。

ひとつは慶応四（一八六八）年の『諸向御届』三月一六日、千葉繁の妻（数え二六歳）が息子・富三郎（数え四歳）を連れて、浜松藩の一二七人とともに、江戸から浦賀を通過し、浜松に向かっていることが確認されている。[1]ときは戊辰戦争の終盤、西郷隆盛と勝海舟が江戸城無血開城の決定を下した直後である。内戦と戦乱の江戸を離れ、浜松に向かう途中であったと考えられる。ちなみに千葉繁は同船していない。ひと月前の二月二〇日、藩主・井上正直は江戸を発して浜松に帰着し、三月九日には浜松を発して京都に至り、一八日には参内している。もし千葉繁が正直の藩医として藩主の体調を管理する立場にあったならば、この時期に浜松や京都にいた可能性もある。

いまひとつの史料は、二一世紀最大の利器というべきGoogle Booksでの検索により、偶然発見された。「千葉欽哉」の名が、近世法制史の泰斗・石井良助氏（一九〇七～一九九三）の大著『家と戸籍の歴史』に登場するのである。[2] 明治三（一八七〇）年三月一五日に鶴舞藩が家臣に提出させた「鶴舞藩士族准士族籍」の一例として、千葉の一家の情報が掲載されている。「鶴舞藩士族准士族籍」は未見であったが、まさかこのように活字化された形で、千葉繁一家の情報がすべて掲載されているとは思いもよらなかった。Google Books おそるべし、である。と同時に、上記の戸籍から、奇遇にも千葉一家を例として引用し、活字化してくださった石井良助先生に感謝の気持を捧げたい。

さてその内容は、こうだ。

1――『諸向御届』井上家文書、京都大学文学部博物館古文書室蔵、一八六八年三月一六日。
2――石井良助『家と戸籍の歴史』創文社、一九八一年。

明治二己巳年十月一日ヨリ
一、高五十俵
巳十月十三日ヨリ
一、知事殿家従医員

千葉欽哉
午ノ三十七歳
妻　里
午ノ二十七歳
倅　富太郎
午ノ八歳
二女　徳
午ノ三歳
〆四人

一〇歳年下の妻の名は里である。倅の名前はここでは富太郎となっており、千葉繁との年齢差は二九歳で、『諸向御届』の記述とは若干の食い違いがある（『諸向御届』の場合、年齢差は三一歳）。いずれにせよ千葉一家は、妻の里、そして長男の富太郎、五歳年下の妹・徳の四人家族であった。千葉繁（欽哉）自身は五〇俵取りの「家従医員」ということになる。これが四人家族を養うのに十分な扶持であったかどうか、心もとない。ともかくここでは千葉繁が井上家の「家従医員」、すなわち井上正直に仕える藩医であったことが確認される。

それにしても千葉繁が仕えた井上河内守正直とは、どんな人物なのか。また千葉繁のまわりにに登場する小菅純清や横山龍達とは何者なのか。これを探ることによって、千葉繁の人生行路の一端を明らかにすることができるかもしれない。

## 謎の幕末政治家・井上正直

井上正直とは、不思議な幕末政治家である。一八六〇年代の怒濤の幕末は、日本史の中でも、戦国時代と並んで、もっとも注目度の高い時期である。専門的な研究者が多いだけでなく、小説やテレビドラマでもしょっちゅう取り上げられる時代である。

にもかかわらず、老中に二度まで上り詰めた井上正直にスポットライトがあたることは、きわめて少ない。正直がはじめて老中に任命されたのは、薩摩藩の大名行列を乱した英国人リチャードソンが同藩士に殺害された生麦事変（文久二＝一八六二年八月二一日）の二カ月後である。それから一年九カ月、長州藩と幕府が交戦した蛤門《はまぐりもん》事変（元治元＝一八六四年七月一九日）の直前まで、江戸在勤のまま老中として務めることになる。

図6-1　井上正直

一度目の老中時代、正直が直面した最大の困難は、生麦事件の事後処理であった。その経緯は吉村昭の小説『生麦事件』に詳しく記されている。[3] この事件では斬られた側、すなわち英国の怒りは凄まじく、文久三（一八六三）年二月、英国の代理公使ニールは、本国からの要求として、謝罪書の提出と賠償金一〇万ポンドを求めてきた。二〇日間の猶予期間が過ぎれば、横浜に碇泊する艦隊が武力行動に出るという。砲艦外交というべき苛烈な要求である。井上正直は江戸の留守を預かる老中として、松平信義とともにニールや各国公使から手紙を受け取ったり、幕府としての対応を決める業務に追われていた。英国の要求は、生麦事件を利用して日本の植民地化を狙ったとさえいえるものであり、幕末の日本が最大の国難に直面した時期だったといえる。

猶予期間が切れる三月八日の数日前、正直は大目付に対して「応対の仕方によっては戦端が開かれるか計りがたい」[4]と戦争準備を求めたり、幕府の主だった面々の前で「たとえ兵力が手薄で、勝算がなかったとしても、死力を尽くして防戦の覚悟をすべきである」と、悲壮な決意を述べている。[5]他方、京都の朝廷からは、五月一〇日に攘夷決行などという、正直ら江戸の留守老中からすれば、およそ無謀としかいいようのない命令が届く。英国からは武力を盾にした砲艦外交に圧迫され、国外事情に詳しくない京都からは攘夷決行を迫られる。究極の板挟み状態である。結果的に五月九日には老中格・小笠原長行の独断で賠償金が支払われ、五月一八日には老中・松平信義と井上正直、小笠原の連名で謝罪状を渡している。このあと英国は薩摩藩に賠償を求めて薩英戦争へと雪崩れ込んでいく。周知の通りこの戦いはほぼ痛み分けに終わり、和議を結んだ英国と薩摩は、急速に親密な関係を築くようになっていく。

正直が一度目の老中を離れたあと、幕府による第一次征長（長州戦争）が勃発する。さらに第二次征長が本格化する慶応元（一八六五）年一一月、正直は一年四カ月ぶりに老中に復帰した。しかしこのあと、徳川政権は坂道を転がり落ちるように崩壊の道を進んでいく。第二次征長での幕府の手痛い敗北、一四代将軍家茂の死去、一橋慶喜の一五代将軍任命、孝明天皇の死去と、まさに激動としか呼びようのない出来事が矢継ぎ早に続く。こうした撤退戦を見届けつつ、正直は大政奉還（慶応三＝一八六七年一〇月一四日）の四カ月前に老中の地位を去った。在任期間は約三年六カ月である。文久年間以降、老中は猫の目のように入れ替わるが、井上正直より在任期間が長いのは水野忠精《ただきよ》、板倉勝静《かつきよ》の二人だけである。正直は一四歳年長の板倉勝静、五歳年長の水野忠精とともに長期間、幕府としての最高度の意思決定に参加していたことになる。

もっとも、現在残されている歴史書や歴史学の文献のなかで、井上正直に対する評価は芳しいとはいえない。たとえば当時、外国奉行支配として通弁（通訳）にあたっていた福地桜痴《ふくちおうち》（源一郎、のちの『東京日々新聞』主筆）は、文久二（一八六二）年当時を振り返って、「当時幕閣は世情に疎《うと》き大名中より挙げられたる閣老板倉周防守（勝静）・水野和泉守（忠精）・井上河内守（正

3――吉村昭『生麦事件』新潮社、一九九八年。
4――原文は「応接之模様に寄　可開兵端も難計」。吉村昭、同書、一二六―七頁。
5――原文は「仮令御兵備手薄　御勝算無之候共　尽死力防戦之覚悟」。吉村昭、同書、一二六―七頁。

直）・松平豊前守（信義）等が（松平）春嶽殿を戴きて組織したる集合体なりければ、その時務に暗く、大勢に通ぜざる、実に常情の外に出たれば」と述べている。[6] 正直は板倉や水野とともに「世情に疎き」「時務に暗く」「大勢に通ぜざる」と、さんざんな評価である。

先にみたように正直は外国事務取扱の老中として、生麦事件をめぐるきわめてシビアな外交交渉を担当した上に、文久三（一八六三）年には、横浜鎖港問題を最大の懸案として引き受けた。これは安政五（一八五八）年の日米修好通商条約やその後の安政五カ国条例（米英仏露蘭との同様の条約）の締結時に孝明天皇の勅許がなかったことにより、孝明天皇を中心とする攘夷派が攘夷実行の証として、開港を約束したはずの横浜や兵庫の鎖港を要求するという事態である。横浜が鎖港されれば戦争も辞さないとする強硬な列強公使たちと、朝廷、薩長、一会桑《いちかいそう》（徳川慶喜、松平容保《かたもり》、松平定敬《さだあき》の三者）までが鎖港を要求するという究極の板挟みのなかで、現実的なソリューションをみつけるべく必死に外交の最前線に立っていたのが井上正直なのである。

『維新史料綱要』データベースによると、井上正直は文久三（一八六三）年九月一四日に米国弁理公使プリュイン、蘭国総領事ファン・ポルスブルックと、元治元（一八六四）年二月一四日には神奈川で、四月一一日には老中・牧野忠恭《ただゆき》邸で英国特派全権公使オールコックと、一六日には牧野邸で仏国全権公使ロッシュと、横浜鎖港の問題について折衝を繰り返している。[7] そこでの議論の中身は詳らかではないにせよ、国際的な外交交渉が、政治家としてもっともタフな交渉能力が要求される場所であることはいうまでもない。

外交交渉の外野から、威勢よく攘夷を唱えることは簡単だ。そうすれば見栄えもよく、外国人嫌いの孝明天皇の歓心も買い、世評も上がっただろう。しかし実際に攘夷を実行すればどうなるか。西洋列強の圧倒的な軍事力の前に日本はなすすべもなく敗れ、より不利な状況、あえていえば破滅の道に追い込まれたはずである。アヘン戦争後の清国と同じく、植民地化される可能性は高かった。そのような綱渡りの状況で、当事者として必死に外交交渉に関わっていたはずなのである。

また慶応元（一八六五）年一一月、二度目の老中に復帰したときにも、やはり外国事務取扱として外交交渉の現場に立っている。特に慶応二年から三年にかけて、自らの藩邸に何度か英国全権公使パークス（二年七月一三日、三年二月四日・二五日、五月一九日）を招いている。正直の藩邸は事実上、外務省的な役割を果たしていたといってよい。千葉繁が江戸詰だった時期があることを考慮すれば、この機会に英語を話すイギリスの政治家や官僚を目の当たりにした可能性もないとはいえない。筆者が大河ドラマの脚本家であれば、千葉繁の英語力を実践する場があったというストーリーを脚本に書き加えたくなるところだ。

6――福地桜痴『幕末政治家』岩波文庫、二〇〇三（一九九〇）年、二三一頁。（　）内は筆者が補った。
7――『維新史料綱要』データベース（https://dbr.nii.ac.jp/infolib/meta_pub/G0000037ISHIN、二〇一四年五月四日検索）による。

## 井上正直、一世一代の仕事

井上正直を無能の外交家として切って捨てることは簡単である。しかし正直が、崩れゆく「陽だまりの樹」である幕府を、ある時期までは必死に支えていたことはたしかである。

管見の限り、老中・井上正直のことをそれなりの役割を果たした人物として位置づけているのは、奈良勝司氏の浩瀚《こうかん》な著作『明治維新と世界認識体系』である。[8] 特に興味深いのは元治元（一八六四）年六月、一橋慶喜の側近・松平直克（政事総裁職）が、板倉勝静・酒井忠績《ただしげ》の老中二人と若年寄二人らを横浜鎖港の実施を妨げているとして排斥するとともに、直克自身が慶喜から罷免されて共倒れになるという「六月政変」時における、正直の行動である。

このとき直克と、直克が批判した幕臣がともに引き籠もることで、幕政が事実上のマヒ状態に陥る。奈良氏が作成した幕閣の出勤表（松平直克、徳川慶篤《よしあつ》、老中五名）によると、五月三〇日から六月二二日の二三日間のうち、騒動の渦中にあった松平直克は八日、板倉勝静は五日、酒井忠績はわずか四日しか登城していない。これに対して正直はこの間、一日休んだだけで、残りは皆勤している（二二日登城）。騒動の当事者ではなかったとはいえ、おそるべき登城率である。しかもその間、水戸の尊王攘夷派（天狗党）が挙兵し、世情は騒然となるが、正直は本格的な鎮圧に乗り出している。六月二〇日には登城を再開し、天狗党の武力鎮圧に反対する直克に対して正直は、一四代将軍・家茂の前で老中・牧野忠恭《ただゆき》とともに大激論を展開した。この結果、家茂や慶喜は直克の罷免に動くことになる。

これは老中の中でも若輩で、それまで目立った活動をしていなかった井上正直が、乾坤一擲の勝負に打って出て、ひとときの勝利を得た瞬間だったように思われる。プロレスラーの長州力が当時格上だった藤波辰巳に初めて勝利した日（一九八三年四月三日）の語録風にいえば、「俺の人生にも、一日くらい、こんな日があったっていいだろう」と語りたくなるような、劇的な一日であったはずである。この二〇日後、第一四代将軍・徳川家茂が長州藩征伐のために自ら進発する（第一次長州征伐）。幕藩体制が大きく変貌を遂げていく。

井上正直が二度目の老中を辞したのは慶応三（一八六七）年六月一七日。正直は溜詰格《たまりづめ》となり、江戸の警護を命じられている。時々は登城していたようである。だがすでに正直は幕末の政治史・外交史の表舞台から姿を消していたといってよい。時おりしも大政奉還の約四カ月前。六月九日には坂本龍馬が「船中八策」を提唱し、一四日には西郷隆盛、大久保利通、後藤象二郎が王政復古を議すなどして、明治維新が目前に迫っていた。

## 井上正直、浜松を去り鶴舞に至る

かくして激動の幕末を経験した浜松井上藩と正直の帰趨《きすう》は、慶応四（一八六八）年二月頃には

8――奈良勝司『明治維新と世界認識体系』有志舎、二〇一〇年。

明らかになり、勤王・倒幕派への恭順を決めていた。[9] そして徳川家（家達）が駿府に転封となったあおりで、元号が慶応から明治に変更される直前の九月五日、浜松藩はトコロテン式に上総国への転封を命じられた。

翌明治二（一八六九）年一月二七日、正直は家臣団とともに浜松城に別れをつげた。二月二日に東京着、そこで一週間ほど過ごしたあと、一一日には上総国埴生郡長南矢貫村の仮本営・今関勘四郎宅に到着している。正直自身は三月二七日には再び東京に向かい、版籍奉還のため翌日参内した。この時期から、市原郡の桐木原という原野を開いて陣屋の建築を始めている。正直は三月二七日に東京に戻ったが、その間六月一九日、鶴舞藩知事に任命され、翌七月一七日、任地である鶴舞に赴いた。

この浜松から、後に鶴舞と名づけられる土地（現在の千葉県市原市）への移動、すなわち転封を、井上家の藩士たちはどのように行ったのだろうか。これについては賀古鶴所の回想が存在する。それによると「明治二年五月ニハボク十四歳デ浜松カラ上総へ井上河内守（藩主）の御国がへで、カゴニ乗ルト吐クカラ、毎日八里ヅメテスタコラ江戸ヲ経テ上総ノ広野へ移ッタ」。浜松からの転封は毎日三〇km以上の徒歩行であった。さらに「ソレハソウト明治二年即ち上総ニ移ル路すから父ハ（沼津で蕃書取調べの連中や、古賀茶渓《さけい》翁ヲモタヅネタ）濱町の藩邸ニとどまりて、下谷の和泉橋藤堂屋敷の大学病院ニ数ヶ月通わてウ井ルュスといふ英医のクリニックヲ見て、書きとめた一書がある。ボクも二回許《ばかり》父について見に行った。ナンデモ坪井といふ昔の友人ニタヨッテ見たのだ」[10]。

ここに登場する「父」とは、本書でも何度か言及した賀古公斎のことである。賀古父子は藩主から遅れること四カ月、浜松から鶴舞に行く途中、東京・日本橋濱町の藩邸に数カ月とどまった。この間、医学所（のち大学東校）に出向いてウィリスの診療を観察したり、師である古賀茶渓（侗庵、蕃書調所の校長）、坪井某（信良と思われる）らを訪問したという。公斎はこのとき、新任地である鶴舞で学校や病院を建設する意志を有していた。もっとも鶴舞の状態はそれを許すどころではなく、公斎は明治六（一八七三）年以降、千葉県茂原市に移住し、明治二二（一八八九）年、その地で七一歳の生涯を終えた[11]。

一四歳の鶴所もすでに西洋医学の薫陶を受け、古賀や坪井ら当代随一の洋学者に遭遇している。ちなみに三月二七日から七月一七日まで、井上正直は東京に滞在しているので、藩医であった賀古公斎もおそらく五月以降は正直と同道したであろう。

五月に鶴舞に赴いたとき、井上正直とその家臣たちにとって、本格的な鶴舞の領国経営がはじ

9――浜松市編『浜松市史』（復刻版）臨川書店、一九八七年、などによる。
10――「緒方収二郎宛書簡他」紹介（1）賀古鶴所より緒方収二郎あて書簡（昭和四年六月十九日）」梅溪昇『続洪庵・適塾の研究』思文閣出版、二〇〇八年、二七一頁。
11――久保猪之吉「賀古鶴所氏伝」『耳鼻咽喉科』第四巻、第四号、一九三一年、五一―五四頁。

まった。正直は浜松の藩主であった頃と同様、鶴舞藩庁（現在の鶴舞小学校がある場所）の近辺に藩校・克明館、藩士住居、城下町などの設置をはじめた。石高は六・九万石。浜松時代とほぼ同程度の石高ではあるが、太平洋と東海道に面した浜松と、房総半島中央の高地にあり、海から遠く、当時はほぼ原野といってよい鶴舞の土地とでは、生活環境もずいぶん異なったはずである。筆者も平成二四（二〇一二）年五月に鶴舞の地を訪ねてみたが、市原コンビナートがある東京湾沿いの海岸線から、自動車でずんずん丘陵地に入り込んでいったところにあった。海岸線の印象が強い千葉県のなかでは、奥地といえそうな場所ではある。

明治三（一八七〇）年四月、藩庁や知事邸宅が完成し、正直や、浜松から付き従った藩士たちも鶴舞に移り住んだ。廃藩置県により、藩が廃止され鶴舞県になる明治四（一八七一）年七月（八月）まで、正直はこの地にとどまることになる。このとき正直と同時に鶴舞に移住した藩士たちの世帯数は「七百かまど」で、人数にして一二〇一人（明治三年三月時点。男性五七二、女性六二九人）。家族・係累を含めると三〇〇〇人近くが移動したといわれる。千葉繁とその妻子も、その中の一世帯であった。桐木原の開拓は、藩士が自費で行った。そして鶴舞藩庁や藩士の邸宅が完成するまでは、長南宿や近隣の村にある寺院や民家に分宿していた。

このとき千葉繁自身は三六歳。江戸と浜松での暮らししか知らない繁にとって、ほぼ原野といってよい鶴舞での生活は、どのように感じられたであろうか。石高五〇俵で妻と二人の幼子を養うことは激動と苦難の連続であったと想像するに難くない。ただ奇遇なことではあるが、千葉繁の父・千葉忠詮が元治元（一八六四）年に亡くなった後、その家督は長女の婿である千葉続胤に継がれていた。「下総千葉氏末葉考」によると続胤もまた医師であり、上総国山辺郡上谷村に住したという（明治五年一一月一〇日、三三歳で没）[12]。ここは現在の千葉県山武市蓮沼近辺であり、鶴舞までは約四三kmの距離である。その距離からして、頻繁に往来があったとまではいわないが、彼らとのそれなりのつきあいは存在したものと思われる。

## 小菅純清との出会い

鶴舞に到着してからの千葉繁は、どのような日々を過ごしたのだろうか。先の「鶴舞藩士族准士族籍」によれば、千葉は明治二（一八六九）年一〇月一日に「高五十俵」を受ける扱いとなり、一〇月一三日より「知事殿家従医員」という地位を与えられている。その二日後の一〇月一五日、千葉欽哉は小菅純清《すみきよ》とともに井上正直の邸宅を訪れた。この年の六月、正直は版籍奉還するとともに鶴舞藩知事に任命されており、七月には長南宿・今関勘四郎宅を仮本営としていた。小菅と千葉が訪問したのはこの仮本営と考えられる。ちなみに翌明治三（一八七〇）年四月には、桐木原という原野に藩庁、知事邸宅、藩士の家屋が完成し、正直はここに転居した。同時にこの地を

12——山田勝治郎「下総千葉氏末葉考」『千葉文庫』第一五号。一九八一年、六三—四頁。

「鶴舞」となづけている。

そのときの記念すべき史料は八一ページですでに紹介しているが（右御家従被　命候条可申達旨振武隊司令官ヨリ名代湯川文養江達有之候旨純清ヨリ吹聴有之）、これが、千葉繁が本格的に歴史の舞台に登場した最初の史料である。

八一ページに紹介した文書を再び読んでみよう。振武隊（鶴舞藩の軍隊）の司令官から「名代」の湯川文養という人物に「お達し」があった。これを小菅と千葉欽哉が藩邸に伝えに来た。どんな内容のお達しだったかは定かでない。しかし注目すべきは、欽哉が何も発言していないことである。これは小菅純清のほうが千葉より立場が上、すなわち上司であったことを意味している。

九日後の一〇月二四日には、小菅と千葉に対して、命令以来、よく勤務してきたので、藩主から内々に「金五百疋」が下された。その御礼を二人が伝えに来たという記述がある。[13] また一二月一八日には、やはり小菅純清と千葉欽哉に対して、「一両壱分」が下賜《かし》されている。[14]

更に年末の一二月二八日、千葉欽哉は、さきほど「名代」として登場した湯川文養、小菅純清、すでに本書で何度も論じた賀古公斎、種痘医であったことが知られる横山龍達[15]とともに、藩主に対して「屠蘇《とそ》」を献上している。[16]

この五人は鶴舞藩における同じ職業集団、すなわち藩医だったとみて間違いないだろう。

では、小菅純清とはどういう人物なのか。

医学史家の深瀬泰旦《やすあき》氏（一九二九〜　）によると、安政四（一八五七）年五月、江戸の蘭方医である伊東玄朴、戸塚静海《せいかい》、箕作阮甫らが幕府に提出した種痘所発起の願書、ならびに翌年設置されたお玉ヶ池種痘所（のち西洋医学所、医学所）に設立資金を拠出している八三名のなかに「小菅純盛」という人物がいる。この人物は、緒方洪庵の「勤仕向日記」に登場する小菅純清と同一人

13──『明治二巳年　寓殿目録　自十月八日　至十二月』井上家文書、一八六九年一〇月二四日。

「一　金五百疋宛
　　　　　　　　小菅純清
右今般御家従江命以来出精可相勤依而不表立被下之御礼申聞即申上　千葉欽哉」

14──『明治二巳年　寓殿目録　自十月八日　至十二月』井上家文書、一八六九年一二月一八日。

「一
　　　　　　　　小菅純清
　　　　　　　　千葉欽哉
同一両壱分ツツ
右厚以思召被下之候旨吹聴有之」

15──横山龍達に関しては、明治三（一八七〇）年の一一月一〇日付の『鶴舞藩庁記録』に、「右種痘所繁用人聞ニ付同所出席ノ医員申談可相勤旨被仰付之候様吹聴申聞候」という記載があり、種痘所に勤務する医員であったことが確認される。

16──『明治二巳年　寓殿目録　自十月八日　至十二月』井上家文書、一八六九年一二月二八日。

「一
屠蘇　一貼宛
　　　　　　　　湯川文養
　　　　　　　　小菅純清
　　　　　　　　千葉欽哉
　　　　　　　　賀古公斎
　　　　　　　　横山龍達
右例年之通献上有之即申上候
但昨年迄者出来之間ヨリ差出御用人ヨリ相呉候以当年より江直当席ヨリ差出し」

図6-2　緒方洪庵

物とされている。[17] 小菅純盛と小菅純清は、音読みにすれば「コスゲジュンセイ」で同じであり、お玉ヶ池種痘所から医学所へという推移の中で、両者を同一人物とする深瀬氏の判断に誤りはないであろう。ちなみに『緒方洪庵伝』の「勤仕向日記」、文久二（一八六二）年八月一五日付では、洪庵が午後四時から主催した会議に小菅純清が「医学所」の一人として登場し、四人の子どもに種痘を施したという記録が残っている。[18]

ただ小菅純清については日本の医学史上でも、これ以上のことは不明であった。しかし彼が浜松藩（鶴舞藩）のお抱え医師であったことは明らかであり、井上家文書にも何回か登場する。最初に確認できるのは『諸向御届』の弘化四（一八四七）年一一月七日付の文書で、ここに「井上英之助家来医師　小菅純清」として登場する。[19] 一五年以上下った元治元（一八六四）年四月一二日の『諸向御届』では、この頃、老中職にあった井上河内守正直が京都に上るにあたり、「手医師」小菅純清を連れていった経緯が書かれている。[20] 純清はかねてより「種痘所御用中」であったが、井上正直が江戸に帰るまでその職をいったん解かれ、正直に同行することを要請されたのである。ちなみに井上正直は文久二（一八六二）年になると、当時医学所頭取となっていた晩年の緒方洪庵と数度にわたり顔を合わせている。[21] 井上正直と洪庵とのパーソナルなネットワークのもとで、純清が医学所に派遣された可能性がある。

また明治三（一八七〇）年四月一二日の『鶴舞藩庁記録』に、「医員　小菅純清」として登場する。[22] そこでは、「純清は今般、種痘館から種痘術の免許を頂いたので、当藩内ならびに支配所の末々まで種痘施術をすべき旨をお達ししたので、有志の者は純清へ申し出てください。この件、藩内ならびに支配所全体に布告してください」という趣旨のことが、大参事から告げられている。[23]

このように純清は、鶴舞藩での種痘の責任者というべき立場にあった。六月には種痘所が開設され、藩士や一般人にも種痘を実施させた。[24] 千葉欽哉が鶴舞藩の記録に登場する際は、ほとんど

17――深瀬泰旦『天然痘根絶史』思文閣出版、二〇〇二年、五九頁。
18――緒方洪庵「勤仕向日記」一八六二年八月一五日。緒方富雄『緒方洪庵伝』岩波書店、一九六三年、三九三頁。
19――『諸向御届』井上家文書、一八四三年一一月七日。
20――『諸向御届』井上家文書、一八六四年四月一二日。
21――緒方洪庵「勤仕向日記」一八六二年一〇月九日、一一月九日、一〇日、二八日。緒方富雄『緒方洪庵伝』に所収。
22――『鶴舞藩庁記録』井上家文書、一八七〇年四月一二日。
23――原文は「右今般従種痘館同術免許有之候ニ付テハ一藩中並御支配所中末々迄種痘施術可致旨相達置候間、有志之者ハ同人エ可申出御事　右ノ趣一藩中並御支配所中エ布告可被有之候事」。ちなみにこの文書は『千葉県史料』（一九六八）でも活字化されている。

小菅と連名であり、明治二（一八六九）年一二月二八日の『寓殿目録』でも、「泰壽院《たいじゅいん》様　御前様ニ御薬差上ニ付薬種料被下《くだされ》候《そうろう》旨達之」という記録が残っている。[25]泰壽院とは藩主・正直のことである。[26]小菅と千葉は藩主に対して、薬を用いた治療を行い、その対価として薬種料を受け取っている。小菅と千葉は、井上正直のお抱え医師かつ種痘医として、地味ながらも堅実な働きをしていた。そして小菅純清が医療現場での上司として、千葉繁に何らかの知的影響を与えたであろうことは想像に難くない。

純清は、東京大学医学部の前身であるお玉ヶ池種痘所の設立発起人の一人であり、[27]当時の江戸の蘭方医ギルドの重要な一角を担っていた。また緒方洪庵が文久二（一八六二）年八月以降に頭取を務めた医学所で、種痘の技術を磨いていたわけであるから、洪庵が大坂で完成させた種痘の技術、蘭学の知識を摂取しうる場所にいたことも間違いない。ちなみに洪庵の種痘の苗は賀古公斎へと伝えられた。[28]賀古公斎と緒方洪庵は、蘭医学者で長州藩の藩医となった坪井信道に学んだ同門ということになる。

緒方洪庵といえば、大坂適塾（現在の大阪大学医学部の前身）の創始者であり、二〇〇九年から一一年にかけて大ヒットしたテレビドラマ『ＪＩＮ―仁―』では、武田鉄矢がコレラの感染と戦う洪庵を熱演して話題となった。洪庵が浜松井上藩や鶴舞藩の種痘に与えた直接・間接の影響もまた少なくなかったといえるだろう。

## 種痘の普及

明治三（一八七〇）年になってからも、小菅純清、千葉欽哉、横山龍達は鶴舞藩の記録『寓殿目録』や『藩庁記録』に何度か姿を現している。この年四月、鶴舞の地に藩庁や知事邸が完成している。井上正直が鶴舞県知事に任命されてから二年一カ月（明治二年六月～四年七月）という短期間ではあったが、鶴舞藩の領国経営が実際に行われた年でもある。

特に本書では、種痘に関する政策に注目したい。ここでもやはり小菅純清は八面六臂《はちめんろっぴ》の活躍をしている。八月一四日から一六日にかけて東京に出張しており[29]、九月三日には大学東校に再び出張している[30]。

ここで当時の大学東校について整理しておこう[31]。小菅純清も発起人の一人となったお玉ヶ池種

24——市原市教育委員会編『市原市史』（下巻）、一九八二年、一〇九頁。
25——『寓殿目録』井上家文書、一八六九年一二月二八日。
26——「井上家歴代墳墓」『鶴舞史談』創刊号、一九八〇年、三二頁。
27——ちなみに手塚治虫の曾祖父・良庵は、この八三人のうちに名前を連ねており、マンガ『陽だまりの樹』にも良庵の生涯が描かれた。
28——緒方洪庵『癸中年中日次之記』嘉永六年二月十一日。
29——原文は「明治三年八月十六日　雪
一　小菅純清
右東京御用向相相済ニ昨十四日彼地出是昨夜深更ニ及到着候間各旨為御届罷出被由申聞候」

痘所（初代頭取・大槻俊斎《しゅんさい》）は、開設半年にして下谷和泉橋通りに移設され、文久元（一八六一）年に西洋医学所、ついで医学所となり、文久二（一八六二）年、二代目頭取として大坂適塾から緒方洪庵を迎えた。しかし緒方は翌年、病死する。[32] 三代目・頭取には、長崎の海軍伝習所でポンペからオランダ医学を学んだ松本良順が就任する。松本良順は、幕末の医学史を研究したい人間にとって必読文献であるところの小説、『胡蝶の夢』の実質的主人公でもある。

松本は慶応四（一八六八）年、江戸城が明治政府軍に明け渡される際に、幕府の恩義に報いるために出奔して会津に向かう。同年四月、明治政府は昌平坂学問所、開成所、医学所を接収するが、このとき医学所は、やはり和泉橋通りにあった旧津藩藤堂邸の跡地に設置された大病院（もとの横浜軍陣病院）と合併する。一〇月には洪庵の息子・緒方惟準《これよし》が大病院取締に任じられるが、翌年には退き、薩摩藩の石神良策があとを継いだ。

大病院には、英国公使館の医官ウィリアム・ウィリスやB・G・シッドールが、入れ替わり立ち替わりやってきて、診療を行っていた。ウィリスやシッドールは薩摩藩と深いつながりがあった。この時期の医学所の様子について『胡蝶の夢』は、二十数人の薩摩藩医がウィリスの親衛隊のようにして大病院で働いていたと記述している。[33] そこでは「語学の天才」と称される司馬凌《りょう》海《かい》（伊之助）がウィリスの講義を口訳したり、私塾を開いて英語の初歩を教えていた。司馬は自分が教える生徒が使うべき英文法の教科書を、早矢仕有的《はやしゆうてき》が経営する丸善で買ってこい、としばしば指導したという。[34] ちなみに丸善書店の創業者にして、ハヤシライスを発明した早矢仕有的は、やがて千葉繁とも関係をもつことになる（第8章）。
明治二（一八六九）年六月、医学校は大学校の分局となり、佐倉順天堂を起こした佐藤泰然《たいぜん》の息子にして、松本良順の義理の兄弟でもある外科医・佐藤尚中《たかなか》が「大博士」としてトップに立つ。医学史家の吉良枝郎氏によると、このとき医学校取調掛に就任した岩佐純と相良知安は、イギリス医学に傾倒した医学をドイツ医学に転換することを画策する。そして新政府の顧問として、長崎から東京に移動していたフルベッキに相談し、四月にはドイツ人教師招聘の意見を開陳している。大学校知学事・山内容堂は朝議で反対したが、相良はその場で直接反論、相良と同じ佐賀藩出身の副島種臣や大隈重信の支持もあって、五月にはドイツ医学の採用が決定した。[35] このことは

30——原文は「明治三年九月三日
一　右大学東校ヨリ御用之儀有之候条急速出府可致旨御達書到来ニ付出府可致旨余殿ヨリ被相達之尤発足日限之儀者可及達候聞其上ニ而発足可致旨是亦御同人ヨリ被相達候段届申聞之」。『鶴舞藩庁記録』。
小菅純清

31——明治初年度の医学の歴史・制度については富士川游『日本医学史』（日新書院、一九四一年）、布施昌一『医師の歴史』（中公新書、一九七九）、深瀬泰旦『天然痘根絶史』（思文閣出版、二〇〇二年）、吉良枝郎『幕末から廃藩置県までの西洋医学』（築地書館、二〇〇五年）、司馬遼太郎『胡蝶の夢』（新潮文庫、全四巻、一九八三［一九七九］年）などを参考にし、まとめた。

32——ちなみにドラマ『JIN―仁―』の主人公・南方仁がタイムスリップし、緒方洪庵と感動の日々を過ごすのは、この時期である。

33——司馬遼太郎『胡蝶の夢』文庫版第四巻、一九八三（原作一九七九）年、四二七頁。

34——司馬遼太郎、同書、第四巻、四二四頁。

のちに千葉繁の人生にも大きな影響を与えることになる。ちなみに副島や大隈は、フルベッキが長崎で開いた佐賀藩の英学校の弟子である。フルベッキが新政府の諸制度に大きな影響を与えたことが窺える。

ドイツ医学の採用が決定したことで、明治二（一八六九）年一二月、ウィリスは石神良策とともに江戸を去り、鹿児島で医学校を開くことになる。同時に医学校は、大学校（大学）の東にあるという理由から「大学東校」と改称する。大病院に集っていた薩摩出身の医者はすべて解任された。このあとドイツ人医師レオポルド・ミュルレル（プロシアの陸軍軍医正）とテオドール・ホフマン（海軍軍医）が明治四（一八七一）年八月に任用されるまで、一年半以上、大学東校には常勤の外国人医師不在の状態が続いた。

小菅純清が大学東校を訪れた明治三（一八七〇）年八～九月は、イギリス医学のウィリスが去り、ドイツ医学のミュルレル、ホフマンが未だ着任していない時期であった。西洋医学の導入という観点からは、一種のエアポケットのような時期である。しかし明治三（一八七〇）年は、種痘医にとっては苦難の年であった。この年春頃から痘瘡（天然痘）が全国的に流行しはじめていた。四月二四日、新政府は、大学東校に種痘館を設置するとともに、「種痘は「済生ノ良法」であるのに僻地《へきち》では行われていないので、府藩県の隅々まで行き届くようにしなさい」という太政官達を全国の藩に布達して、種痘（牛痘）を普及させようとした。[36,37]

鶴舞藩が同年四月、小菅純清を種痘の実施責任者として任命したことはすでに述べた。六月には種痘所を開設しているが、このとき藩内の医員に対してなるだけ出席するようにとのお達しが出ている。[38] 鶴舞藩から扶持米を支給されていた医師は七名であった。前年末、藩主・井上正直に屠蘇《とそ》を献上している千葉繁も、当然この中のひとりであったろう。

七月二三日には、医員のうち何名かを種痘所の官員として割り当てるべしという命令が、振武隊司令官から出ている。[39] 振武隊司令官は種痘所の設置に関わる担当部局であった。前年一〇月一五日、小菅純清と千葉繁が藩主・井上正直のもとにやってきて、振部隊司令官から名代・湯川文養に下された命令の内容を伝達しにきたことはすでに述べたが、これは種痘に関連する話題だった可能性がきわめて高い。ちなみに鶴舞藩の職制では「種痘所掛」が一名（年間金一五両）、種痘

35――吉良枝郎『幕末から廃藩置県までの西洋医学』築地書館、二〇〇五年、一〇九頁。
36――深瀬泰旦『天然痘根絶史』二九三頁。
37――原文は「種痘の儀ハ済生ノ良法ニ候処僻取之地ニ至テハ今以不相行向モ有之趣ニ付府藩県末末迄行届様厚ク世話可致候事」。厚生省医務局篇『医制百年史』資料編、一九七六年、一二三二頁。
38――千葉県史編纂審議会編『千葉県史料　近代篇　明治初期二』一九六八年、四〇二、四一三頁。
39――原文は「〇七月廿三日種痘所員鑑定診察方以下ノ諸官ハ医員一同ニテ負担スベキ旨振武隊司令官於テ相達スベキ旨同官ヱ相達ス其文ニ曰ク

種痘所官員
鑑定診察方
種痘方
採漿方

右諸官所掌之職務医員一同ニテ兼帯被命之候条可被申達候事」。引用は「御布告」一八七〇年（日時不明）。

所附属が三名（年間一二両）となっている。「種痘所掛」には当時、振武隊伍長でもあった細野起が任命されていた。[40] したがって七人の医員のうち三人が種痘所附属となったと考えられる。

ちなみに種痘所が設置されたのは鶴舞の下北本町だけではなく、潤井戸《うるいど》宿（名主善次郎宅もしくは讃岐屋）や長南にも出張所があった。この点に関し鶴舞藩庁記録の「御布告」一一月一一日では、医員への給金が日当で「日雇同様」なので月給の形に直してほしいというお願いがなされている。それによると、種痘所に勤務する者の役料をかつてお願いしたが聞き届けられなかった。しかし長南や潤井戸などの出張所へ出勤するのはたいへんなので、役料の件をもう一度お願いしたいというのである。[41]

そして一一月一三日頃には「ツゲ札」として、小菅純清と賀古公斎に一カ月二両ずつ、その他の医員には一両二分ずつとなることが通知されている。医員の報酬はたしかに月給となり、年間にすると金約一四両となっている。また種痘所の運営は振武隊と兼任だった細野起と、小菅純清、賀古公斎のトロイカ体制だったとみてよいだろう。

では、千葉繁はこのときどの程度、種痘に関わったのだろうか。直接的にそのことを確認できる史料は存在しない。厳密にいうならば、緒方洪庵から伝えられた蘭学系の種痘技術を有する小菅純清や賀古公斎と、江戸の町医者であった千葉忠詮の系譜を引き、幕末の時点で英学志向だった千葉繁との間には、学問的伝統の相違が一〇〇％なかったとはいえない。しかしここまで確認してきた通り、千葉欽哉が井上家の史料に登場する際は、ほとんど常に小菅純清が隣にいる。千葉は小菅の部下（後輩）として一緒に活動し、藩主からもそのような存在と認知されたはずである。明治二（一八六九）年の八月と一〇月に井上正直が小菅純清と千葉欽哉に二回にわたって下賜した褒美も、おそらくは種痘に関わる業務に対する褒賞であったと考えられる。とすれば、千葉繁が種痘の実務や運営に関わった可能性は相当、高いのではないだろうか。

他方、鶴舞藩での千葉繁の言動は、明治三（一八七〇）年の八月二八日を最後に確認できなくなる。この日『寓殿目録』に、「千葉欽哉が、鶴舞に下賜された邸宅へ今日引っ越したという旨を、聞き届けました」[42]という記載がある。

藩主から鶴舞のどこかに邸宅が与えられ、そちらに転居したというのである。すでにみたように前年末には、湯川文養、小菅純清、千葉欽哉、賀古公斎、横山龍達の藩医五人が連名で井上正直に屠蘇を献上している。しかしこの年末、他の藩医が昨年同様に屠蘇を献上しているにもかか

40――「御布告」『鶴舞藩庁記録』井上家文書、一八七〇年一一月二四日。
41――原文は「医員役料被下置候得共一日一人ニ付何程ト申候而ハ日雇同様ニ茂御座候間一ヶ月何程ト御直シ被下置候様仕度候事
一　種痘所取締属ノ者役料ノ儀申上置候得共不被下置候長南潤井戸迄難路出役繁勤ニモ御座候間至急御沙汰御座候様仕度候事」。
引用は「御布告」『鶴舞藩庁記録』井上家文書、一八七〇年一一月一一日。
42――原文は「一　　　　千葉欽哉
右鶴舞賜邸江今日引移罷候之旨届申聞候」。
引用元は『寓殿目録』井上家文書、一八七〇年八月二八日。

わらず、千葉欽哉の名前はみえない。

すなわち明治三（一八七〇）年八月に鶴舞の賜邸に転居してから、千葉繁と藩主・井上正直の「藩医—藩主」という直接的な関係は徐々に薄れてしまったのではないだろうか。少なくとも井上正直を直接、触診したり、薬を処方するような業務からは次第に離れていったように思われる。もちろん記録に登場しなかったからといって、千葉繁が鶴舞藩を離れたということにはならない。医者としての、あるいは種痘医としての業務をこなしていたと想像することもできる。

しかし鶴舞藩もまた、廃藩置県によって明治四（一八七一）年七月一四日に鶴舞県となり、一カ月後の八月一三日、藩知事・井上正直はその職を解かれる。鶴舞藩は解散し、その藩士たちは、藩主の庇護のない世界で、「自助」の世界を生きなければならなくなった。元鶴舞藩士のなかには、新たに鶴舞県に雇用された人もいた。しかし千葉繁はその中に含まれていない。遅くともこの頃までに千葉繁は鶴舞藩を離れる選択とそれに伴う準備を行いつつあったのではないだろうか。千葉繁がこの激動の鶴舞藩時代をどのような思いで過ごしたか、想像を逞しくしたくなる。

しかし、千葉繁の足取りはここでいったん途絶えてしまう。

# 第7章

# 横浜の千葉繁

## 千葉繁、横浜に現る

千葉繁が次に姿を現したのは、明治五（一八七二）年の横浜だった。第3章でみたように、四月三〇日、神奈川県庁に「十四等出仕」として就職している。その年の一〇月には、日本最初の鉄道、新橋―横浜間の鉄道が開通している。この四月は、横浜―品川間での仮営業が開始された時期にあたる。[1]

ところで千葉は神奈川県庁のどこで、どのような仕事に従事したのだろうか。幕末には神奈川奉行所があり、現在は神奈川県立図書館が建っている場所にあった神奈川県庁内で事務を執ったのか。それとも文明開化に沸き立つ外国人居留地や税関などにいたのか。

実は千葉繁は、監獄にいた。

当時の神奈川県庁は、内庁として庶務課、租税課、聴訴課、出納課、外庁として庶務課、文書課、條約未済国課、邏卒《らそつ》課が存在していた。[2] 邏卒課は明治五（一八七二）年一月までは「取締」課であった。明治五年の『神奈川県官員録』[3]によると、千葉欽哉（繁）は「邏卒課」に所属している。「邏卒」とは巡査、警察官のことである。

これまでの経緯を振り返ってみると、これは意外な事実とみえるかもしれない。なぜなら幕末までには英学に通暁し、浜松・鶴舞藩では藩医ならびに種痘医として勤務していた千葉繁が、おもむろに警察官になったというのは、やや不自然にみえるからだ。あまりに「華麗な転職」といってもよい。
しかしこの謎は、ひとつの決定的な史料によって氷解する。『横浜市医師会史』がそれである。ここに、明治初年の横浜での医学界の状況に関して、横浜医師会に所属する浅水十明《あさみずじゅうめい》の追憶談が紹介されている。

其の後日に月に土地の発展に随ひ医師の数も多くなり、明治四年頃、芳山彦克、千葉欽哉の両氏が官邊の嘱託医（今の警察醫監獄醫）となり有名でありました。此の両氏は其の後今の野毛山平沼氏邸宅の邊に設立しありし邏卒病院（後ち巡査病院と改む）に勤めておりました。[4]

「明治四年」というのは、明治五年の間違い（記憶違い）であろうが、ここに登場する「芳山彦克」もやはり邏卒課に属し、さきの『官員録』でも「十五等出仕」として千葉繁の隣に名前がある。千葉繁の部下だったとみてよいだろう。二人は「相棒」として、県庁からの「委嘱」、とい

1――横浜開港資料館編『横浜もののはじめ考・第3版』横浜開港資料館、二〇一〇年、一一八頁。
2――横浜市『横浜市史』第3巻上、一九六三年、二三頁。
3――横浜郷土研究会編『神奈川奉行所職員録』一九九七年。
4――栗原清一編『横浜市医師会史』横浜医師会、一九四一年、六頁。

うよりは公務員の業務として、診察や治療を行ったと考えられる。その場所は、横浜・戸部村にあった監獄、すなわち安政六（一八五九）年の開港時に設けられた、戸部牢屋敷以外には考えられない。

戸部牢屋敷（監獄）は安政六（一八五九）年、下田の閉港に伴って、戸部村宮崎に設置されたものであり、もともとは神奈川奉行の支配に属していた。明治維新後、刑部省から内務省へと所管が移り、明治五年五月以降は、邏卒課に属していた。[5]千葉繁が神奈川県庁に就職した直後である。

戸部牢屋敷は、現在の公務員伊勢山町舎（横浜市西区伊勢町三丁目）、暗闇坂と呼ばれる丘のうえに存在する。明治一五（一八八二）年、ジャーナリストとして有名な黒岩涙香《るいこう》が、官吏侮辱罪を問われて収監されたことでも知られている。入獄者の数は徐々に増加していき、明治六（一八七三）年には、獄舎一坪につき一〇人以上の入獄者が存在した。ひどい混雑ぶりである。衛生状態もよかったとはいえないだろう。ちなみに明治八（一八七五）年に千葉が居住していた「横浜伊勢山町四十五番地」は、神奈川奉行所や神奈川県庁が置かれていた紅葉坂（現在の神奈川県立図書館、横浜市西区紅葉ケ丘九―二）の北側にある官舎の一つであり、戸部の監獄までおよそ四〇〇～五〇〇mほどの距離である。千葉繁は神奈川県庁に務めていた三年間、紅葉坂の官舎から暗闇坂まで通勤し、受刑者や在監者の検診や治療、監獄の衛生管理などに携わったと考えられる。

浅水十明の回想によると千葉繁は、「野毛山平沼氏邸宅」すなわち現在の野毛山住宅亀甲積擁《きっこうづみよう》壁《へき》（旧平沼専蔵別邸石積擁壁、野毛坂交差点近く）に存在した「邏卒病院」に勤務し、「有名」であったという。ここで、千葉繁が神奈川県庁に勤めていた様子がほぼ判明した。千葉繁の人生の謎解きを目的とする本書にとって、最大級の発見の一つである。

では千葉が勤務した邏卒病院とは、どのような施設だったのだろうか。『横浜開港五十年史（下巻）』によると、邏卒病院は明治五（一八七二）年二月二〇日、野毛町二〇〇番官舎に仮設置された。のちに患者が増えたため、同一九九番地を分院にして、明治九（一八七六）年に老松町一丁目の官舎の棟に移動した[6]（明治一五年＝一八八二年七月廃止）。勤務時間は朝九時から午後三時まで。患者を診察し、薬を調合し、処方箋を書くことを業務としたという。

してみると、千葉繁が神奈川県庁に雇用された理由は、医者としての経歴を買われたからだと解釈して、まず間違いはないだろう。戸部監獄が暗闇坂に移転するにあたり、その監獄医として雇用されたというのが実情に近いとおもわれる。ちなみに当時、邏卒課のトップは権総長・平部右金吾（七等出仕）、邏卒検官は栗屋和平と野村辰太朗。この三人の誰かが採用の責任者であった可能性が高い。

他方、千葉繁の側からみれば、神奈川県邏卒課に奉職するにいたる経緯はどのようなものであったのか。浜名篤氏によると明治初頭においては、藩閥などによる縁故や情実を頼りに、前時代

5——肥塚龍編『横浜開港五十年史（下巻）』横浜商業会議所、一九〇九年。
6——同書、二七二頁。

図7-1　十全病院、羅卒病院、伊勢45番地（千葉繁の住所）

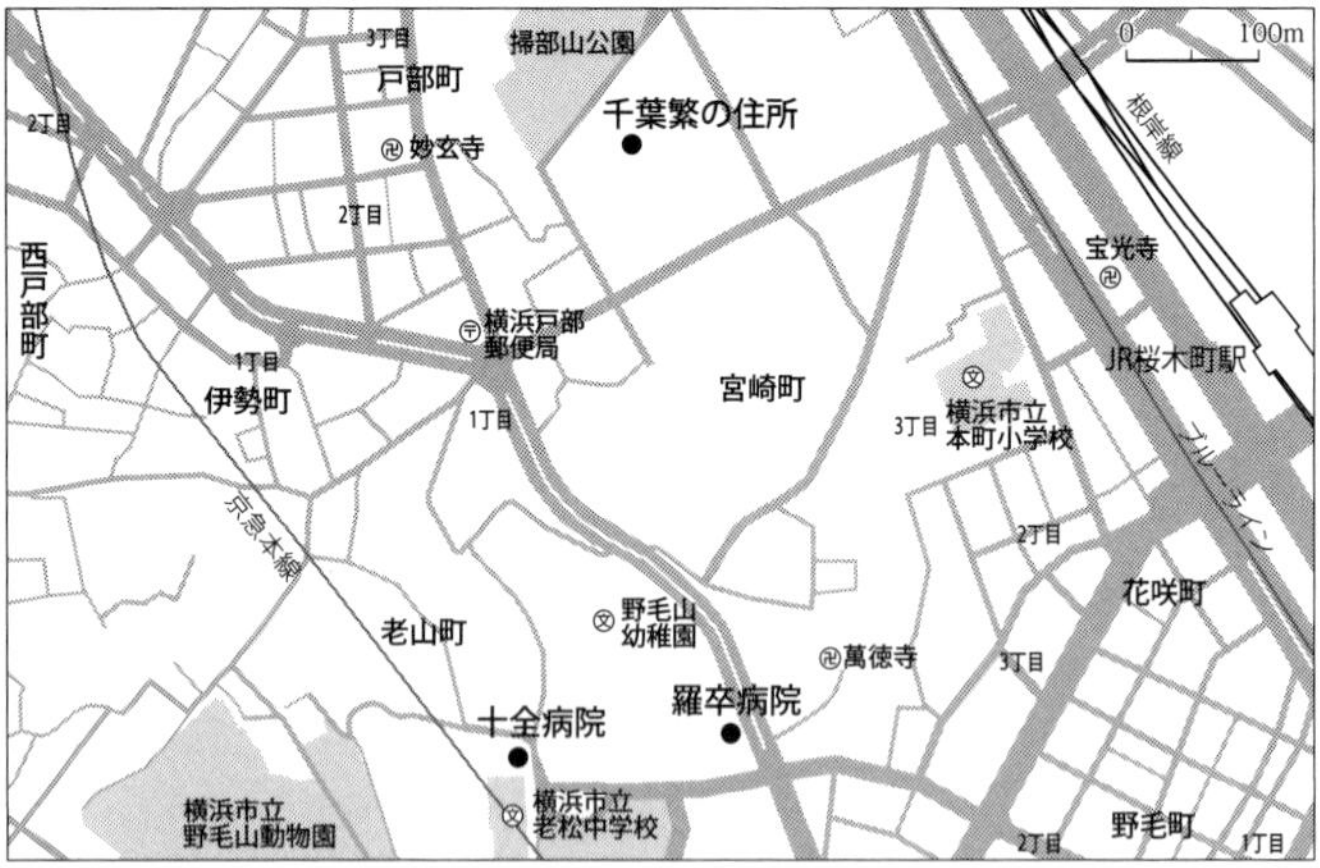


の官僚である士族から多くの官吏が採用された。[7]千葉繁も何らかの縁故に頼ったに違いない。はたしてそれは、どのような「つながり」であったのか。

まずは鶴舞藩主であり、幕末の老中時代には外交上の業務で横浜とも深い関わりのあった井上正直が、何らかの推薦や斡旋を行った可能性が考えられる。千葉繁が『造化機論』を出版する際に販売元とした稲田佐兵衛（山城屋佐兵衛）は、井上正直が鶴舞藩主時代の明治三（一八七〇）年に、援助して出版させた村尾元融『続日本紀考証』の販売先でもある。井上正直と千葉繁が、藩主と藩医という、ある意味緊密な関係を保持し続けていたとしたら、正直の斡旋が就職に有利に働いた可能性がある。

もっとも別の可能性もある。それは、千葉繁が小菅純清や賀古公斎ら同藩の藩医・種痘医たちと業務をともにする中で形成された個人的なネットワークを生かして、ツテをたどった可能性である。社会学やネットワーク分析の世界では、就職にあたっては、強力かつ直接的な推薦者よりも、知り合い程度の「弱い紐帯《ちゅうたい》」のほうが有利だとする理論がある。[8]社会学の観点としては、こちらの可能性も捨てがたい。この場合は、井上正直や鶴舞藩のもとをすでに離れて、繁が個人的に「就活」をしたことになるだろう。

ともあれ千葉繁には、父・忠詮からオン・ザ・ジョブ・トレイニングで継承した臨床の実践、さらには鶴舞藩の藩医、種痘医として勤めてきた過程で身につけた、薬種に関する知識があったはずである。しかし戸部牢屋敷では、ほぼ畑違いの業務に従事することになった。というのも監獄医としては、在監者の健康に配慮したり、天然痘やコレラなどの院内感染を防ぐなど、より包括的な医学知が必要になったはずだからだ。また邏卒病院では、警察官の怪我や病気全般に関わる治療を行ったにちがいない。おそらくこれらの業務は、千葉繁にとって新しいチャレンジだったのではないか。当時、横浜の地にあっては、医者の数が絶対的に不足していた。そんな場所で千葉繁は、横浜医学界の人びとの記憶に残るほどに「有名な」人物であった。相当な苦労があったであろう。しかし千葉繁はこの時期、診察、投薬、施術などを含めた実践的な臨床経験を積んだと考えられる。

7——浜名篤「武士から士族へ」園田英弘・浜名篤・廣田照幸『士族の歴史社会学的研究』名古屋大学出版会、一九九五年、八四頁。
8——マーク・グラノヴェッター『転職』ミネルヴァ書房、一九九八年。

## 千葉繁、シモンズと出会う

さらに浅水十明の追憶に戻ろう。明治七（一八七四）年、太田町六丁目に県立の横浜病院が設立され、米国の医師「セメンス」が外来・入院の治療を開始した。この「横浜病院」とはのちの十全病院、「セメンス」とは横浜医学の父というべきシモンズ（Duane B. Simmons, 1834-1889）のことである。十全病院は、現在の横浜市立大学医学部の前身である。このことは横浜の医学史では重要かつ、よく知られた事実である。たとえば『横浜市史稿・風俗編』や『横浜もののはじめ考・第3版』によると、明治四（一八七一）年、丸善書店の創業者である早矢仕有的が、横浜に病院が一つもないことを嘆き、元弁天に仮病院（市中共立仮病院）を設立・開業した。しかしその後、火事で消失してしまった。この事態に一般の人々からも本病院設立を求める声が高まったことを受けて、権令・大江卓が建設費の寄付を募ったところ、三井八郎右衛門ら商人から金六六〇〇円が献金された。そこで神奈川県は明治五（一八七二）年七月、シモンズを月給三二〇円で雇用し、太田町六丁目（その後、相生町六丁目と改称）に移転し、横浜病院を設立した。明治六（一八七三）年一二月には、野毛山語学所修文館が移転した跡地（現在の老松小学校）に移り、横浜病院、ないし横浜医院と呼ばれた。さらに明治七（一八七四）年二月には十全病院と改称した。

横浜病院は病院独自の規則をもち、貧民施療の布達を行い、医員以下の部署を分けた。[9] シモンズは日曜以外は毎日、診療に携わった。明治六（一八七三）年にシモンズが招聘されたとき、治療の全権が彼に与えられ、千葉鐵蔵、古谷野好、内藤三郎等が助手として治療事務に従事したとされている。[10]

ここに登場する「千葉鐵蔵」は『神奈川県史料・第五巻』では「病院掛　十一等出仕　千葉鐵蔵」として記載されている。この当時、神奈川県庁に千葉という姓を有する十一等出仕の人物は千葉繁（欽哉）以外には存在しないので、これは千葉繁のことである。

また明治五（一八七二）年一〇月に制定された「横浜病院規則」の中に、「病院係」として千葉繁の名前が確認される（図7―2）。

図7-2　横浜病院規則

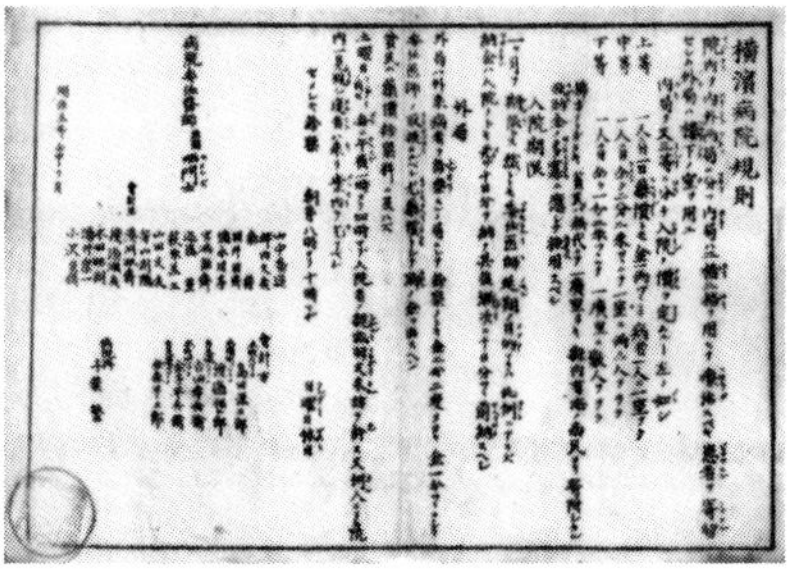
横濱病院規則

横浜開港資料館編『資料が語る横浜の157年』（横浜ふるさと歴史財団、2011年、19頁）より。

「病院掛兼」という肩書きは、千葉繁が明治五〜六年から邏卒病院に勤務していた事実と符合し、しかもこの頃、横浜病院と兼務していたことを窺わせる。

いずれにせよ本書にとって重要な事実は、ここ十全病院で、シモンズと千葉繁が邂逅していることだ。医学史家の小玉順三氏によると、シモンズと神奈川県令との契約書には「病院のことについては病院医務掛りと相談の上決める」という規定が存在していた。[11] 千葉繁は、シモンズの助手を務めつつ、病院の運営や経営に関して相談に乗るようなパートナーだったといえる。

ちなみに小玉氏の推計によると、シモンズの生年は一八三四年。

千葉繁ときわめて近い年齢、というより同い年の可能性もある。二人が出会った明治五（一八七二）年に二人は三八歳。人生の脂が乗り切った時期といってよい。シモンズは日曜日を除いて毎日三時間勤務し、明治五年九月から翌年八月まで、十全病院の一カ月の平均入院患者は二六人、外来患者数は二五六人だったとされている。[12] 驚異的な人数の患者を、シモンズと千葉を含む数名の日本人医師とで担当していたことになる。

「十全病院」の「十全」という名称は、「初めセメンス氏が医療機械其の他の器具を自国より購求し院内の設備が完成しました故 Eompliti Hospetol と院名を附けましたのが起因[13]」とされている。「十全」とは病人が一〇割治るという意味があるといわれている。[14] パーフェクトな病院を作り上げていこうとするシモンズの思いが伝わってくる。

## 千葉がシモンズとともに行ったこと

シモンズのもとで過ごした数年間は、千葉繁の医者としてのキャリアや臨床経験に大きな影響を与えたに違いない。ここでシモンズの生涯について、千葉繁との関わりがありそうな範囲で、簡単に触れてみたい。

D・B・シモンズが初来日したのは、安政六（一八五九）年一一月一日のこと。S・R・ブラウン、G・F・フルベッキとともに、オランダ改革派教会（カルヴァン派）の派遣宣教師として、同年五月七日にニューヨークを出港した。同船したブラウンは文久二（一八六二）年に横浜英学校教師、明治二（一八六九）年に修文館教師となり、明治六（一八七三）年以降は自宅にブラウン塾を開設した。これがのちに明治学院大学となる。フルベッキは来日後、長崎に向かい、幕府の英語学校として設立された済美館や、佐賀藩が作った致遠館《ちえんかん》の校長に招かれた。ここには大隈重信、副島種臣、伊藤博文ら明治の政治家が集った。フルベッキも明治二（一八六九）年以降、新政府の顧問、大学南校の教師・教頭、元老院の法典翻訳などに従事し、政治、外交、教育の多方面にわたって大きな影響を残した。

シモンズは当初、ヘボン（James Curtis Hepburn,1815-1911）が住んでいた場所の近くに居住するが、来日した翌年には宣教師を辞職し、文久二（一八六二）年頃には横浜の八二番地（現中区山下町）で医者として開業していた。[15] その後いったん欧米に出国し、明治二（一八六九）年以降、再来日を果たしたときには、横浜居留地三八番地、すなわちヘボンの隣地に居を構えている。そ

9——横浜市役所『横浜市史稿・風俗編』横浜市役所、一九三二年。
10——肥塚龍編『横浜開港五十年史（下巻）』横浜商業会議所、一九〇九→一九七三年、二七〇頁。神奈川県医師会編『神奈川県医師会史』一九七七年、四九頁。
11——小玉順三『幕末・明治の外国人医師たち』大空社、一九九七年、八〇頁。
12——『神奈川県史料・第五巻』などによる。
13——栗原清一編『横浜市医師会史』横浜医師会、一九四一年、七頁。
14——小玉順三、前掲書、八〇頁。
15——シモンズについての記載は以降、主として荒井保男『ドクトル・シモンズ』（有隣堂、二〇〇四年）にしたがう。

の後、明治三（一八七〇）年に、設立間もない大学東校のお雇い教師として採用されたといわれる。しかしこれには有力な異論もある。[16]

明治三（一八七〇）年以降も、シモンズはヘボンとともに白内障、虹彩炎の後遺症、乳癌など九例の手術を行い、福澤諭吉の腸チフスを快癒させている。明治五（一八七二）年三月には、神奈川県令・陸奥宗光宛に「防恙法《ぼうようほう》」（現在の伝染病予防法）の制定を求める建白書、五月には「売薬取締り」の建議書を提出するなど、医療政策・衛生政策面での陳情や要請を積極的に行っている。

十全病院に勤務してからも、シモンズの八面六臂の活躍は止まらない。千葉繁と直接・間接的に関わりがありそうな活動としては、人体解剖が考えられる。

シモンズは明治六（一八七三）年六月に、脚気病患者の病理解剖を行っている。その模様を伝える同年七月二日の『横浜毎日新聞』の「脚気病者解剖説」という記事では、「横浜大田六丁目市中病院執事」なる人物が六月二六日に行われた解剖の様子を伝えている。それによると、六月に脚気に罹《かか》り、入院を乞う者が七〜八名いた。そのうち「邏卒某なるもの劇症に罹り百治功を奏せず遂に泉下の客となれる。於此解観せんことを親戚に議《はか》り、其兄云く、維新開化の際に当り愚夫愚婦と雖《いえど》も有益報国に意なきもの殆ど鮮《すくな》し、況《いわん》や我弟とや。生きて卑官と辱するも死て世人の亀鑑となり数千人の疾苦を救ひ万人の裨益とならば屍寸断せらるるとも敢て辞せざる処なりと。教師セメンス氏以下満堂の子弟欣躍に堪えず、速《すみやか》に解剖す」（大意：ひとりの邏卒が劇症に罹患し、どんな治療も奏功せず、亡くなった。そこで解剖を親戚に依頼した。彼の兄がいうに、「維新開化に当り、愚夫愚婦といえども有益報国の気持ちがない者はいない。いわんや我が弟においてや。生きているうちは卑官と辱しめられたが、死んで人々のモデルとなり、数千人の疾苦を救い、万人の利益となるなら、屍が寸断されるとしてもお断りできません」と。教師セメンス氏以下、一堂に会した子弟は歓びに堪えませんでした。すぐに解剖しました）とある。[17]

この脚気で亡くなった邏卒（巡査）は十全病院に来る前には、邏卒病院で診察を受けたのであろう。してみれば当時邏卒病院に勤務し、十全病院の医員でもあった千葉繁と芳山彦克が、この重篤な患者を十全病院に導き、病理解剖の労をとったと想像することはたやすい。ことによると、この文章を執筆している「市中病院執事」その人が千葉繁であるかもしれない。というより、その可能性はきわめて高い。もしそうであるならば、この署名記事は、『造化機論』などの翻訳という形ではなく、千葉繁本人が書き記したことが確認できる、数少ない文章の一つということになる！

16――大学東校には、同姓のドイツ人シモンズが教鞭をとっていたことが知られているが、この両者は当然、同一人物ではない。D・B・シモンズはドイツ人シモンズが来日し、交代までの「つなぎ」として仮雇用され教鞭をとったという説と、そもそも大学東校の教師にはならなかったという説がある。金津赫生『日本近代医学史』（悠飛社、二〇〇九年）は後者の説を取る。本書にとってこの点は未解決のままでも構わないので、この件の論証には加わらない。

17――荒井保男『ドクトル・シモンズ』有隣堂、二〇〇四年、一〇〇頁。

また千葉繁が、より対等な形でシモンズと関わり得た分野としては、種痘の実施、種痘所の運営も考えられる。

横浜では幕末の安政年間から、すでに種痘は不完全な形ながらも行われていた[18]。明治三（一八七〇）年一一月、横浜に悪性の天然痘が流行し、子どもが多数亡くなった。このときお雇い医師のニュートンの監督で、当時医師でのちに丸善を創業する早矢仕有的と、のちに横浜共立病院院長となる松山不苦庵[19]の二人が、横浜吉原会所などに出張して、生後七五日以後の小児に種痘を実施した。これが横浜種痘所の始まりである。明治四（一八七一）年九月には、元弁天武術講習所を横浜町仮種痘所として種痘を実施し、翌年の火災による焼失後は、のちの横浜医学所発起人となる浅岡林斎の自宅に移行した。

シモンズが勤務する十全病院に種痘の事務や実施体制が移り、十全病院が種痘本局となったのは明治七（一八七四）年七月のことであった。シモンズの建言が発端になったとされている。当時再び天然痘が流行しており、十全病院内に附属病舎を新設し、種痘を奨励し、種痘済の者にはその証明書を発行した。これが種痘証発行の嚆矢とされる。明治一〇（一八七七）年には各大区に種痘医を一～三名配置し、十全病院は神奈川県下の種痘を統括する責任を担った[20]。

千葉繁が、浜松藩医であった賀古公斎と小菅純清から相伝された種痘の技術を備えていたであろうことは、すでに論じてきた通りである。したがって歴史的な記録としては現れていないが、ここで千葉繁が、おそらくシモンズの教えにも従いながら、種痘医としての技術を発揮した可能性は高い。

　またこの時期、千葉繁はシモンズとの交流を続けるなかで、医学書の翻訳業務に従事するようになっていた。明治八（一八七五）年一二月に版権免許を得た、シモンズの疾病解説ならびに講義録である『診筵雑記《しんえん》』の冒頭では、翻訳者の江馬春熙《えまはるひろ》が「余横浜十全病院ニ在テ亜国ノ教師「セメンズ」氏ニ親炙《しんしゃ》シ千葉宮島長島今井宇治田等ノ諸氏ト其ノ診筵ニ列シ共ニ患者ノ施療ヲ扶《たす》クルヲ得タリ」[21]（大意：私が横浜十全病院にいるときアメリカ人教師セメンズ氏に指導を仰いだ千葉・宮島・長島・今井・宇治田等の諸氏とその診筵に並び、ともに患者の施療を扶ける機会を得ました）と記している。

　ここに登場する「千葉」はいうまでもなく千葉繁のことであり、他のメンバーとともに、シモンズの業績を世に残そうとしたことになる。ちなみに小玉順三氏によると、江馬春熙は美濃大垣の人で富之介と称していた。

18――横浜市役所『横浜市史稿・風俗編』横浜市役所、一九三二年、八七二頁。
19――深瀬泰旦によると、この松山不苦庵は旧前橋藩所属である。紀州藩出身で、大学東校助教・教授を務め、のちに慶應義塾大学医学所所長、東京慈恵医科大学創設者となった松山棟庵（一八三九―一九一九）とは別人であることが、中西淳朗の研究により明らかになっている。深瀬泰旦『天然痘根絶史』思文閣出版、二〇〇二年、三〇一頁。
20――荒井保男『ドクトル・シモンズ』一二二―一二四頁。
21――セメンズ述『診筵雑記』宮島義信、一八七五年。

ちなみにシモンズは明治一三（一八八〇）年六月三〇日に、十全病院を辞職して帰国した。後任にはイギリス人エドウィン・ウィーラー、オランダ人ブッケマが着任し、明治一七（一八八四）年からはアメリカ人エルドリッジに引き継がれる。シモンズ自身は都合九年間、十全病院での治療と経営に携わり、明治一四（一八八一）年一一月には叙勲、明治一九（一八八六）年には三度目の来日を果たし、福澤諭吉の世話で東京築地に居住しながら、評論活動を行った。明治二二（一八八九）年二月一九日には、慶應義塾内の邸宅でブライト病により死去。享年五四歳。英米医学を並々ならぬ熱意で横浜と東京に伝えた、日本近代医学史上の偉人といえる。

## 千葉繁、*The Book of Nature* に出会う

さて、『診筵雑記』の冒頭に立ち戻ろう。ここで千葉繁の名前が登場していることには、二つの点で重要な意義がある。

第一に、ここから、千葉繁の十全病院における交友関係が伝わってくる。まず翻訳に携わった「千葉宮島長島今井宇治田」とあるうち、「宮島」は、この書の出版人でもある宮島義信のことである。越後出身で、万延元（一八六〇）年に横浜に来て、イギリス海軍医ニュートンの指導を受け、併せてシモンズの薫陶《くんとう》を受けた。福澤諭吉のホームドクターとして知られ、野毛病院の創設者でもある近藤良薫とともに、明治一二（一八七九）年に横浜医学講習所の代表となる。宮島自身は明治五（一八七二）年秋には、シモンズの『梅毒小箒』の翻訳にも関わっており、のちに性

病科医院を開設した。

ちなみに横浜では慶応三（一八六七）年九月、英国海軍軍医ニュートンによって町会所に横浜梅毒病院（Lock Hospital）が開設され、遊女に対する検梅を週一回行っていた。宮島だけでなく、松山不苦庵や早矢仕有的もこの病院の医員として勤務した。明治七（一八七四）年、ニュートンの後釜として梅毒病院を指導したヒルに代えて、神奈川県はシモンズの採用を画策する。[22]そして三年後の明治一〇（一八七七）年、この病院が野毛坂に移転したとき、シモンズは十全病院と梅毒病院の医師を兼務することになった。[23]千葉繁がこの梅毒病院とどれだけ関わったか、現時点で確たる証拠はない。しかし宮島やシモンズを通して、性病や生殖器に関する医学的情報への関心を刺激された可能性は高い。

また「長島」は当時十全病院の当直医で、のちにやはり横浜医学講習所の発起人となる長島修吾のことである。十全病院は横浜における近代医療の最前線というべき場所であり、全国からシモンズに学ぼうと多士済々のメンバーが集っていた。このときのメンバーが、横浜医学界をリードする存在になっていった。千葉繁もその中の一人だったことになる。

第二に、シモンズの『診筵雑記』と、ジェームス・アストンの『造化機論』の出版は、ほぼ同

22――大川由美「近代検黴制度の導入と梅毒病院」福田眞人・鈴木則子編『日本梅毒史の研究』思文閣出版、二〇〇五年、二三二頁。
23――荒井保男『ドクトル・シモンズ』一一一頁。

時期であったことが判明する。おそらく明治八（一八七五）年頃、千葉繁は、シモンズの著書の翻訳と、『造化機論』の原著である *The Book of Nature* の翻訳を並行して行っていたはずである。ということは、千葉繁が *The Book of Nature* の存在を知り、その現物にアクセスしえたのはやはりシモンズとの関わりが大きかったのではないかと推察される。シモンズから直接教えてもらった可能性もあるし、シモンズの蔵書のなかに *The Book of Nature* が紛れ込んでいたのかもしれない。あるいは十全病院や横浜でシモンズと関わりをもつ日本人医学者たちとの交流、具体的には江馬春熙、宮島義信、長島修吾、近藤良薫、松山棟庵、（のちにみるが）早矢仕有的らとの交流のなかから、千葉が、のちに翻訳することになる原著の存在を知った可能性もある。

いずれにせよ千葉繁にとって、十全病院でのパートナーでもあり、西洋医学の師でもあったシモンズの著作と、ジェームス・アストンがアメリカで出版した *The Book of Nature* は、病院勤務に忙殺される傍《かたわ》ら、翻訳に値すると考えるほどの重みをもった書物であったと考えられる。逆に、のちに『造化機論』に浴びせかけられるようになった非難の言葉の代表格、単なる興味本位や、売らんかなの商売主義だったとは考えづらい。実際『造化機論』の刊行時、千葉繁は自分の本名も、居住地も、嘘偽りなく明らかにしている。この姿勢は『造化機論二篇・三篇』の刊行時にも揺らいでいない。

千葉が、文明開化を象徴する性科学《セクソロジー》を、誰に恥じることなく、堂々と世に問うたことはほぼ間違いない。

# 第8章

# 『造化機論』のあと

## 千葉繁と早矢仕有的――慶應義塾人脈とのつながり

千葉繁は、丸善書店の創業者・早矢仕有的とも知り合いだった。早矢仕は明治三（一八七〇）年、横浜境町一丁目に静々舎診察所を開設するが、この場所には中島桑太、近藤良薫、伊東某、武田等の人物が集まり、診察に当たった。[1] 静々舎は早矢仕の書店（丸善）、そして薬店と軒を連ねていたが、ここに集う医療関係者の中に千葉繁がいた。驚くべきことに、「早矢仕有的年譜」の中に「千葉繁斎（造化機論ノ訳者但実ハ山東直砥《なおと》氏ノ訳ナリトモ云ハル又十全病院トカヘモ出勤）」という記述がある。[2]

千葉繁斎という人物は、『造化機論』の訳者で十全病院に勤務しているというから、これは間違いなく千葉繁のことであるが、「実ハ山東直砥氏ノ訳ナリトモ云ハル」というのである。ここまで千葉繁が『造化機論』四部作を自ら執筆したことを疑ってこなかった本書にとって、これはメガトン級の爆弾発言である。仮に早矢仕の言が正しいとすれば、すべての前提が崩れてしまうからだ。

ただ、いくら千葉繁と早矢仕有的が知己だったとしても、この言はあまり信用することができない。山東直砥は明治初頭に北門社（北門義塾）という私塾を開設し、明治四（一八七一）年から神奈川県参事を務めた人物であり、たしかにその英語の知識は豊富だったといえる。しかし少なくとも医学的知識に関しては素人である。山東が医学書を翻訳する必要性はないし、出版に際して繁に「名義貸し」のようなことを依頼する必然性も見当たらない。そもそも明治四（一八七一）年以降、神奈川県参事となって多忙を極め、その後実業界に転じた山東と、幕末から藩医・種痘医として活躍し英語にも通暁していた千葉繁の、どちらが『造化機論』や『通俗造化機論』三部作の翻訳に適していたかと問うならば、答えはいうまでもない。山東直砥が『造化機論』の真の訳者であるという説は衝撃的ではあるが、おそらくそれは、山東が『通俗造化機論』三部作の出版人として名前が出ていることから生じた、流言飛語の類と思われる。

ちなみに「早矢仕有的年譜」の明治九（一八七六）年の項目に、「野毛山千葉繁斎氏ノ隣屋敷ニアリタル三ツ井銀行員某ノ私営ニカカル石鹼製造所ヲ引受ケ横浜書店ヨリ水谷義知ヲ転シテ其掛トシ製造ヲ継承ス」[3]という記載がある。すなわち、千葉繁（斎）が住む野毛山の邸宅の隣に、三井銀行員が経営する石鹼工場があり、その人が退出した後を早矢仕が買い取り、受け継いだというのである。してみると千葉繁と早矢仕有的（丸善書店）は、間接的ながら隣人《ネイバーズ》の関係にあったことになる。

それだけではない。驚くべきことに、千葉繁が早矢仕有的に送付した直筆の書簡が存在する。

1——早矢仕民治編「早矢仕有的年譜（8）：丸善社史資料16」『学鐙』二〇〇三年、第一〇〇号、第八号、三四—三五頁。
2——早矢仕民治編「早矢仕有的年譜（11）：丸善社史資料19」『学鐙』二〇〇三年、第一〇〇号、第一一号、三六—三七頁。
3——早矢仕民治編「早矢仕有的年譜（8）：丸善社史資料16」三四—三五頁。

横浜開港資料館に勤務する佐藤孝氏が早矢仕有的の「故人交友帖」を分析した論文のなかに、千葉繁が早矢仕に宛てた「出資勧誘の件」なる書簡の存在が記されていたのだ。[4]

そのコピーを横浜開港資料館で閲覧することができるのだが、郵便局の消印には「一二・一〇・二八」とあり、明治一二（一八七九）年一〇月二八日に投函されたものと確認できる。

これは千葉繁の直筆が確認できる現時点で唯一の史料であり、あまりに重要であることから、本章末に参考資料の形で掲示するが、その中身は以下の通りである（傍点は筆者による着目点）。

　謹呈。いつも営業のご繁盛、お喜び申し上げます。さて先日はたいへんご多忙のところ、いつも勝手なことばかりお願いしているのに、ご親切にすぐにお聞き届けいただきました。殊に先日はわざわざ足をお運びいただきまして、お礼を申し尽くすこともできず、ひたすら恐縮致しております。つきましてはその際にご垂命いただいた件ですが、いろいろ熟考しました。さらに二、三日後、伊兵衛殿が当港（横浜）をお訪ねになり、実際よく相談させていただいたのですが、なにぶん小生の身分にとっては大金です。丁度、新たに用意したのは約四九〇〇円ですが、そこに一八〇〇円ほどのお金を加えたとしても、とても足りません。それにご承知の通り、危うい身体で自分勝手にお引き受けし、もし徐々に危険な状態になったとすれば、貴方からの御恩、ならびに会社から用意していただいたお金の利子を払うこともできなくなりかねません。後に残るは子供と妻だけですから、皆様にご迷惑をおかけすることになっては、せっかくのご配慮も無駄にして、実に申し訳ない罪を残すことになってはとても心苦しいのです。そこで決心しました。もっとも残念なのは、先日、伊兵衛殿から伺った概略を他の人に相談したところ、誠に厳重なきまりになっていて驚きました。少々腕に覚えのある人なら、すぐにでも眼前にいくばくかの利益を上げることができるでしょう。先に述べた不都合や心配事がなければ、是非譲り受けたいものです。ただ丸屋会社の「息キニ放れ」、小生一人の負担では覚束なく、余儀なく前述の通りになってしまったのは残念です。もっとも先日お目にかかった時、大体の実情をお話申し上げた通り、これからしばらく寒さが続くようですと、七〜八日経つと必ず高熱を発し、六〜七日は自宅に引き籠もり、いつも同じ職場の人にとてもご迷惑をかけてしまいます。誠に申し訳なく、今年の末には辞職するつもりですので、何卒お見捨てなきよう。先に申し上げたお金で加入し、小生に適宜の思し召しをかけていただけますなら、何なりともご斡旋いただきたく、重ねてお願い申し上げる次第です。このように自分勝手なことばかり申し上げてしまい、さぞやご立腹のことと存じます。しかし要所要所で大事をとってきた、私の老婆心から出たものでして、小心者と思われると存じますが、ご憫察《びんさつ》のほどよろしくお願い申し上げます。もっと早くにお断りを申し上げるべきところ、いろいろなことに心を配り、一日伸ばしになってしまいました。なお詳

4――佐藤孝「早矢仕有的の研究――『故人交友帖』の分析（1）」『横浜開港資料館紀要』第一七号、一九九九年、四二―六一頁。

細やお礼につきましては、ご尊顔を拝したところで申し上げたく存じます。

敬具。

さて、この手紙の趣旨をいかに解するべきか。「出資勧誘の件」という表題にある通り、当時日本橋で「丸屋善八」商店を開業していた早矢仕有的が、横浜の千葉繁に直接会って、何らかの出資をもちかけた。さらに代理の伊兵衛という人物がやってきて詳しく相談したが、彼らが提案する出資額は巨額であるうえ、千葉繁自身の体調も優れないので、とても残念なのだが、お断りさせていただく、という旨が述べられている。

この出資勧誘が具体的には何であったのか。これは早矢仕有的の歴史を繙《ひもと》くならば、より詳細な事情が判明する可能性はある。早矢仕有的は明治一二（一八七九）年に丸屋銀行、一三年には丸屋為替店や貿易商会を開業しているので、それらと何らかの関わりがあるのかもしれない。

それはさておくとしても、ここで注目したいのは次の事実だ。

①千葉繁は、三歳年下（天保八年生まれ）の早矢仕有的に対して尊称（先生）を用い、へりくだっていること。

②千葉繁はこの出資話以前に、早矢仕有的からお金を融通してもらった形跡があること（＝いつも勝手なことばかりお願いしているのに、ご親切にすぐにお聞き届けいただきました）。

③千葉繁の家族構成は「婦人と子供のみ」であること。もっともこれは、本書のここまでの分

析から予想されたことではある。

④千葉繁自身の体調は優れず、冬には仕事も休みがちになるので、明治一二年末には「退職」しようと決心していること。これはおそらく横浜共立病院での勤務を意味していると思われる。[5]このとき千葉繁は四五歳。若くはない年齢だ。

⑤かなりの大金を必要とする出資話に、千葉繁は慎重な姿勢を示していること。①の推測が正しいなら、お金の貸し方である早矢仕有的からの誘いは断りづらかったと思われるが、お金がないこと、体調が思わしくないことを理由に丁重に断っている。早矢仕有的に小心者と思われるのは心外だったかもしれないが、物事に対して慎重な性格だったとはいえるのではないか。

このように千葉繁と早矢仕有的は、隣人の関係であっただけでなく、お金の貸し借りを相談しあうほどにはビジネス上のつながりがあった。もともとは医者としてスタートし、やがて実業に転じた三歳年下の早矢仕有的という人間を、千葉繁はどのような思いでみつめていたのだろうか。いずれにせよ千葉繁は、こうして早矢仕有的とつながった。それは幕末から明治初期にかけての横浜医学、すなわち福澤諭吉ら慶應義塾系の人々が導入せんとした、英米医学の人脈に連なったことをも意味していた。

5――傍証ではあるが、千葉繁が終の住処としたかもしれない「野毛町四丁目三百五十二番地」は十全病院があった場所の至近距離にある。明治八（一八七五）年に「雇」に転じて、神奈川県庁との関係が希薄になってからも、繁はシモンズが率いる十全病院の近くに住み、そこに勤めた可能性が高い。

## 千葉繁、横浜医学講習所の発起人となる

千葉繁が『造化機論』を刊行した明治八（一八七五）年四月、東京では、いまの日本医学会の前身ともいうべき「東京医学社」という団体が設立された。在官の医師として松本良順（司馬遼太郎著『胡蝶の夢』主人公、西洋医学所頭取、軍医）、戸塚文海（種痘所設立者の一人、小菅純清とも知己）、緒方惟準（緒方洪庵の次男）、石黒忠悳《ただなお》（『懐旧九十年』著者）、田代基徳（『造化生生新論』の校閲者）ら、在野の医師として佐藤尚中（順天堂創始者）、松山棟庵（慶應義塾医学所所長、慈恵医科大創設者）、早矢仕有的など西洋医学の錚々《そうそう》たるメンバーが結集した結社、すなわち自発的結社《ヴォランタリー・アソシエーション》であった。この時期、全国各地に医師団体が続々として設立される。横浜もその例外ではなかった。

栗原清一によると明治一一（一八七八）年秋、本町一丁目の町会所（現在、横浜開港資料館）に設立発起人が集い、七人の幹事を決定した。[6] 共立病院の院長も務めた近藤良薫《りょうくん》、シモンズ門下の宮島義信・長島修吾、千葉繁の部下・芳山彦克、浅水会疇、皿城錦海、そして千葉繁の七人である。彼らが翌年、設立発起人となって、「横浜医学講習会」が発足している。この結社は医業の発展向上、相互の親和を目的とし、毎月一回、解剖、生理、病理、内科外科などの勉強会を開いたり、トラホーム予防費として一〇〇〇円を神奈川県庁に寄付したりしている。しかし「メンバーが玉石混淆だったため、数ヶ月もたたないうちに会員の親和を欠き」[7]、継続が困難となり、進

んで占領行動をなす者も現れ、有名無実の会となったという。要するに内輪もめが生じたわけである。

そこで明治一三（一八八〇）年一〇月、再び近藤良薫と宮島義信が有志の医師と語り合い、新しく「横浜医会」を発足させた。このとき医会開設に賛同し、結集した二四人のなかにも「千葉欽哉」の名前がある。[8] 横浜の医師たちが離合集散するなか、おそらくはシモンズ門下の同窓として近藤や宮島との交流を続け、千葉繁は横浜医学界における重要メンバーであり続けた。

第1章で述べたように、千葉繁は明治八（一八七五）年一一月に『造化機論』出版の官許を得てから、五年に四冊のペースで翻訳刊行を続け、明治一二（一八七九）年六月には『通俗造化機論三篇』を刊行している。このことは、千葉繁が神奈川県庁を退職して『造化機論』四部作を翻訳している間も、文筆業に完全に転じたわけではなく、横浜の医学界と一定の関係を保ち続けたことを意味している。横浜医会が設立された明治一三（一八八〇）年一〇月には千葉繁は推定四六歳。先にみたように千葉繁は、明治一二（一八七九）年一〇月の時点で体調が思わしくないことを早矢仕有的に告げて、（おそらく横浜十全病院を）退職することを考えていた。本当にこの時点で病院勤務をやめてしまったかどうかは定かでない。しかしいずれにせよ、すでに老いの影は

6――栗原清一編『横浜市医師会史』横浜医師会、一九四一年。
7――青柳精一『近代医療のあけぼの』思文閣出版、二〇一一年、一七七頁。
8――栗原清一編『横浜市医師会史』八―九頁。

相当差し込んでいたようにみえる。

千葉繁の足跡は、このあたりから見えづらくなっていく。というのもさらに一四年が経過した明治二七（一八九四）年三月、横浜医学講習会の発起人の一人であった皿城錦海が病に倒れたとき、前年に発足した神奈川県医会の会員は寄付を行っている。その中のリストには近藤良薫、宮島義信、長島修吾らの名前があるにもかかわらず、千葉繁の名前はみえないのだ。[9] 近藤、宮島、長島との強いつながりから考えて、万が一、千葉繁がこの頃まで現役の医師として活動していたならば、当然、寄付を行ったはずである。明治一二年時点での証言を重視すれば、やはりそれからあまり遠くない時期には、医業を引退したと考えるのが自然であろう。

千葉繁の横浜での活動の痕跡はここで途絶え、歴史の大海に姿を隠してしまう。

私たちはふたたび『造化機論』四部作のテクストそのものに回帰しなければならない。

## 千葉繁の終の住処？

千葉繁が歴史的史料から姿を消したとしても、その人生が終焉を迎えたとは限らない。というのも明治二〇（一八八七）年三月三一日の『通俗造化機論』三種類の合本（再販）では、千葉繁の住所は「神奈川県横浜区野毛町四丁目三百五十二番地」となっているからだ。[10] この頃までは、出版人である山東直砥や出版書肆の稲田佐兵衛と連絡を保っていたはずである。千葉繁が少なくとも明治一二年以降二〇年まで住所を変えず、存命であったことが想定できる（このとき五二〜

五三歳)。ちなみに明治二〇(一八八七)年六月一九日の『東京日日新聞』では、稲田佐兵衛が『通俗造化機論』の広告を掲載している。大意は以下の通りである。

本書は世界に名を轟《とどろ》かしたもので、世界の生命を司る、人間社会で最も重要な男女交合の利害、人類繁殖懐妊論のほか種々の論を説いています。実際に女性が「嘆きを帯」び、自然と恍惚となる結果、生まれた子どもは強壮となります。造化の秘事は巧妙です。すべて人間社会に不可欠の良書といえましょう。既に販売数万部に至っています。[11]

「既に販売数万部」とは、現在でもちょっとしたベストセラー並みの売れ行きである。ちなみに明治初年のベストセラーといえば、明治五(一八七二)年の福澤諭吉『学問ノススメ 和本十七冊』、J・S・ミル著『自由之理 和本六冊』(中村敬宇訳)、明治八(一八七五)年の福

9――栗原清一編『横浜市医師会史』一三頁。
10――斉藤光「解説」斎藤光編『〈性〉をめぐる言説の変遷 近代日本のセクシュアリティ1』ゆまに書房、二〇〇六年、六頁。
11――原文は「此書世界に名を轟したるものにして凡天地間に生あるもの、司たる人間社会一大緊要なる男女交合の利害人類種子繁殖懐妊の論其他種々の論説実地婦人の歎を帯自然に恍惚たるに至り而して生子強壮造化の秘事至妙なり都て人間社会最も闕くべからざるの良書と云ん既に販売数万部の高に至る」。『東京日日新聞』明治二〇(一八八七)年六月一九日。

澤諭吉『文明論之概略　和本六冊』、明治一〇（一八七七）年の田口鼎軒《ていけん》（卯吉）の『日本開化小史　全六巻』（経済雑誌社）などがある。いつ頃までにどれくらいの部数が発行されたかを知るのは至難の業だが、たとえば福澤諭吉の『西洋事情』や『学問のすゝめ』は少なくともそれぞれ一五万部、二〇万部は売れたといわれている。[12]また『読売新聞』の発行部数は明治一〇年で一日約二万五〇〇〇部とされている。[13]多少の誇張はあるかもしれないが、『造化機論』もまた相当数の部数が刷られ、市井の人びとに読まれたことは間違いない。

ただしその売れ行きが、千葉繁とその家族の生活を支えるほどのものだったかは定かでない。この頃、繁と二九歳年の離れた長男・富太郎は推定二三〜二四歳。そろそろ職業をもち、自立して、両親を養う立場になっていたかもしれない。ちなみにこの合本は明治二八（一八九五）年九月三〇日には版権譲受が届け出られて、井口松之助が新たな発行者となる。千葉繁の住所は「神奈川県横浜市野毛町四丁目」と記載されており、以前と同じ場所に住んでいたと思われる。繁は満六一歳となり、還暦を迎えている。千葉繁の名前が歴史上の史料に登場するのは管見のかぎり、これが最後である。

## 『造化機論』はどのように読まれたか

しかし千葉繁の名前は徐々に、邏卒病院や共立病院の医者、あるいは横浜医学界の草創期を支えた功労者としてではなく、『造化機論』の訳出者として人口に膾炙《かいしゃ》するようになっていく。

『造化機論』の読まれ方については、すでに第2章で述べた。まじめに性知識を伝えようとする千葉繁の意図に反して、それは春画やポルノグラフィのように「意を取り違えて」受け取られたのだった。たしかにそのような受け取り方を示す事例は、他にも存在する。

たとえば『我楽多珍宝《がらくたちんぽう》』という新聞の第三〇号では、「読造化機論」と題した五本の川柳と、それに対する評が掲載されている。[14]

〇読造化機論　　番町曙窓

少女一見春魂ヲ動ス、覚ヘズ白波玉門ニ溢ルル、元ト是レ淫事ヲ促スノ物ニ非ス、助平漫ニ機論ヲ読ム勿レ

評　紅池激浪溢レ、朱龍将ニ天ニ昇ラントス

（大意：造化機論を少女が一読して欲情を覚え、玉門に白波が溢れた。もともと造化機論は淫事を推奨するものではない。助平はみだりにこの本を読まないように。　評：紅池は激しい波に溢れ、龍将が天に昇ろうとしています。）

12――『西洋事情』のなかに「初編の如き著者の手より販売したる部数も十五万部に下らず、之に加うるに当時上方辺流行の偽版を以てすれば二十万乃至二十五万部は間違いなかるべし」という記述がある。
13――http://info.yomiuri.co.jp/company/message.html、二〇一一年五月四日検索。
14――『我楽多珍宝』第三〇号、京都日日新聞社、明治一三年一月二〇日。

○同　　　　　　　　　　　　　　　　　宮津　圓保良

独亀頭ヲ握テ機論ヲ読ム、知リ得タリ情蟲ノ子孫ト作ルヲ、造化奇巧感心至リ、始テ識ル手淫ノ心魂ヲ弱スルヲ

評　分別有レの書生ト謂可シ

（大意：一人で亀頭を握って造化機論を読んだ。精子が子孫を作ることを知り、造化の奇妙に感心した。また手淫が精神を害することをはじめて知った。　評：分別のある書生ですね。）

○同

机上笑テ繙ク造化ノ篇、漸ク佳境ニ入テ涎ヲ流サント欲ス中目注スルハ玉門ノ書、此ノ時珍棒怒テ勃然

評　親父笑ヒ而息子怒、程無泣欲スル者ハ其レ細君歟

（大意：机の上で造化機論を笑って広げていた。しばらくして佳境に入り、涎が出そうになった。注目したのは玉門の書で、このとき珍棒が勃起した。　評：父親が笑って息子は怒ったが、程なく泣いてこれを欲するようになるのは妻か。）

○同

書生閑居シテ独リ自娯ム、後家モ処女モ又穴ヲ漏ス、春画淫本今在無、唯看造化機論ノ図

評　洋書枕ニシ而指人形ヲ使フヲ慎ム須シ

（大意：書生が閑居して一人、楽しんでいる。後家も処女も濡れている。春画や淫本はいまはないので、造化機論の図を見るしかない。評：洋書を枕に指人形を使うのはやめなさい。）

「助平漫ニ機論ヲ読ム勿レ」、「机上笑テ繙ク造化ノ篇、漸ク佳境ニ入テ涎ヲ流サント欲ス」「春画淫本今在無、唯看造化機論ノ図」というように、造化機論を性的興奮やオナニーと結びつけるものが多い。特に「宮津　圓保良」なる作者の二本目はなかなかよくできている。オナニーに供するつもりで造化機論を使おうとしたら、オナニーの害、特にオナニーが精神にもたらす害悪について知らされた、というオチになっている。『我楽多珍宝』はそもそも滑稽を旨とする新聞であり、これを当時の事実、実態とみることには慎重であるべきだが、『造化機論』の出版意図と、実際の受け取られ方の食い違いを示す好例である。同様の趣旨の投稿は他の新聞、たとえば民権派の政論新聞として有名な『朝野新聞』明治一一（一八七八）年一〇月五日でも、「麻布　藪竹庵」なる人物が「流行書籍ノ嘆」という投書で記している。

これに対して東京最初の日刊紙で、毎日新聞の源流である『東京日日新聞』は、『造化機論』の生真面目さを強調している。明治九（一八七六）年四月一四日の「雑報」では以下の文章が掲載されていた。

近ごろ高名なる造化機論と云ふ書物は或人が淫書の様に申し升《ます》から此ごろ日本橋通り二丁目の山城屋佐兵衛かたにて求めて見まするに是は美国《アメリカ》のゼームス、アストン氏の原選には始めに陽経陰経を論じ次に情慾論懐妊論を出したれば人に依《よ》り能《よ》くも読み味《あじわ》はずして妄《みだ》りに議する者もあらん然し早年交媾《こうごう》の害または妄婬耽婬《もういんたんいん》の害を論じ健康を保つの法を示し胎児の図などは細密なる石版画を挿入したれば大に人をして禁戒する所を知らしむべく他の養生書に比すれば尤《もっと》も別に有益の物と云ふべし[15]

『造化機論』のことを「淫書」のように噂する者もあり、人によって「妄りに議する」こともあろうが、実際に読んでみたら、「早年交媾の害または妄婬耽婬の害」を論じて、人が禁じるべき事柄を知らしめており、「他の養生書に比すれば尤も別に有益の物と云ふべし」というのである。かなりの褒め言葉である。ここで「他の養生書」と言われているのは、江戸時代の『養生訓』の伝統を継ぐ書物群であり、同時期の著作としては佐野諒元訳『養生手引草』（桜川堂、一八七三）、江守敬壽《けいじゅ》・大川渉吉《しょうきち》編『民家日用養生新論』（蟠竜居、一八七四）、錦織精之進訳『百科全書．養生篇』（小林新兵衛、一八七五）、浦谷義春『養生のすゝめ』（騰采閣、一八七六）、『民間四季養生心得』（太田雄寧、一八七七）などがある。これら養生物とくらべても『造化機論』は「有益」というのである。

さらに明治一〇（一八七七）年三月六日の『東京日日新聞』では、『通俗造化機論』に関して以下のような広告が掲載されている。

　此書男女の隠具《かくしどころ》の構造《こしらへ》功用《かたはたらき》より夫婦の間に子の出来ぬと云謂れ男でも女でも勝手次第の子を設《こしら》ゆる方術《しかた》夫婦の性質によりて何様《どのやう》な子が出来ると云ふ事其外懐妊中《くわいにんちう》の心得から出産の時の取扱まで総て男女夫婦の間《なか》に知らで適《かな》はぬ事許《ことばか》りをお神《かみ》さんにも芸者《げいしや》にも娼妓《じようろう》にも好《よ》く解《わか》るやうに平仮名《ひらかな》にて挿画《さしゑ》を加え委しく記したるものなれば諸君《どなた》もお近隣《もより》の書肆《ほんや》にて是非〳〵買て五覧なさい請合《うけあつ》て為《ため》になる書《ほん》ですから[16]

男女の生殖器の構造から、不妊、男女産み分け、妊娠出産中の注意事項まで幅広い知識を、誰にでもわかるようにひらがなで書いているので、近くの本屋で買ってご覧なさいという。なぜなら「為になる書ですから」として、『造化機論』の有用性・有益性を強調している。

このように『造化機論』に対する評価は、おおむね「有益性」と「淫書」のあいだで揺れ動いていた。別の言い方をすれば、著者の「生真面目さ」と読者の「意の取り違え」というあの二重性が、ここでも繰り返されている。

15――「雑報」『東京日日新聞』明治九（一八七六）年四月一四日。
16――『東京日日新聞』明治一〇（一八七七）年三月六日。

## 千葉繁のライヴァルたち

千葉繁が『造化機論』四部作を翻訳し終えたあと、雨後の筍のごとく造化機論系の書物が刊行される。いま筆者が個人的に所蔵しているか、近代デジタルライブラリーで読める造化機論系のテクストのうち、著者・訳者・校閲者・編者のいずれかと想定できる日本人の肩書を、奥付や序文などから抜き出すと参考資料3のようになる（本章末）。

肩書をみると、士族出身と平民出身が相半ばしており、特定の身分や階層に偏っているわけではない。ただし地理的には東京に出版が集中し、大阪やその他の都市で出版されたのはわずかである。その意味で新潟県平民・土屋哲三の『人民必携　婦人造化機問答』（一八七八）、『妊婦のなぐさめ』（一八九〇）は、長岡で出版された珍しい書物である。土屋は明治一六（一八八三）年に『医師衛生委員製表便覧』というパンフレットを編集しており、ここには「医師心得」「病名区別」「死亡出産届け方」「伝染病取扱方」「種痘施行手順」など医師や衛生委員が行うべき施術の手順や、診療後に作成すべき書類の雛型が示されている。後者は疾病や伝染病に関する医療統計を作成する基データとなったと推測される。編者の土屋は『妊婦のなぐさめ』では長岡産婆講習所に勤務していると記しており、鶴舞藩での千葉繁と同じく、医師あるいは衛生委員であったとみてよいだろう。

その他、医学関係者として著名な人物は何人かいるが、それはのちに論じることにして、ここで確認しておきたいことは、造化機論系のテクストの執筆や出版に関わった多くの人々は、造化機論系の書物以外、すなわち小説や児童向け教科書、政治評論など、医学とはあまり関連のない出版物の刊行にも関わっているということだ。これはすなわち、彼らの多くが必ずしも医学の専門家ではなく、翻訳の専門家、あるいは商業出版の編集者か出版人(出版社)のような立場の人間であったことを意味している。

たとえば読売新聞社からドイツ医学の『通俗男女自衛論』を翻訳した三宅虎太、明治期のジャーナリストとして有名な橋爪貫一、『和姦検察法』(一八七八)を翻訳した松井順時《よりとき》、『造化妙妙奇談』(一八七九)を編纂した宮崎柳條、『通俗男女衛生論』(一八八〇)を著した福城駒多郎、『衛生交合條例』(一八八二)や『有夫姦検察法並予防法』(一八八三)を著した赤塚錦三郎、『通俗男女造化機論』(一八八五)、『通俗男女交合論』(一八八九)を著した岩本吾一、『快楽秘法　男女交合新論』(一八八八)、『造化懐妊論』(一八八八)、『新撰造化機論　全』(一八八九)、『人造新法色事指南』(一八八九)などの著作がある瀬山佐吉など、名前を挙げればキリがないが、彼らは造化機論のほかに教科書、政治論、辞書などさまざまなジャンルの書物を出版しており、現代の出版業界ならば翻訳家、著述家、エッセイスト、編集者に相当するような人物たちであった。

彼らのことを千葉繁の『造化機論』四部作への「便乗組」というのは、言葉がすぎるかもしれない。しかしたとえば富沢春淇《しゅんき》(三重県平民)のように明治一二(一八七九)年には『造化繁殖演義図説』という書物を刊行しながらも、やがて明治一八(一八八五)年以降、『造化機論』と改後続するライヴァルたちは、むしろこのブームを好機と捉え、続々と参入してきたと考えられる。しかし千葉繁の『造化機論』四部作を、「売らんかな」の商売目的で翻訳・出版したとは考えにくい。千葉繁が『造化機論』四部作に便乗した好例といえる。千葉繁のこのふるまいは、千葉繁の『造化機論』とは相当異なっており、富沢のこのふるまいは、千葉繁の『造化機論』四部作に便乗した好例といえる。

## 根村熊五郎――佐久間象山の門人

造化機論系のテクストの翻訳・執筆・刊行に関わった人々の来歴は、医学アカデミズムの一部の大物を除けば、はっきりしない場合がほとんどである。本書が論じてきた千葉繁のように、明治維新以前の身分(社会階層)、出身地域、年齢、出版に関わるようになった経緯が判明する事例は、むしろ例外的である。いまさらながら千葉繁の来歴をわずかなりとも明らかにすることができた筆者は、幸運だったのかもしれない。千葉繁のライフヒストリーが書かれなければならないのと同じように、造化機論系のテクストに関わった無名の著者たちのライフヒストリーが、本来ならば書かれなければならないのである。気の遠くなるような作業ではあるが……。

そんな中でも稀に出自や来歴が判明する著者もいる。明治一七(一八八四)年二月に『人身造化論』を編集・出版した長野県士族・根村熊五郎もその一人である。この『人身造化論』そのものは、読者からの質問に著者が応える問答形式をとった書物で、それまでの翻訳書とは一線を画している。

その問答のなかにたとえば、「売淫婦と交合するはその身体健康を害すること手淫と相同じ」という人がいるが、悪病が伝染しないという条件のもとで適宜、交合するのは害がないのではないか。だから買春の害毒を手淫のそれに比するのは妄言ではないか、という質問があった。これに対して根村は「三種の電気説」を持ちだして、売春婦（セックスワーカー）は相手を選ぶことがないため、交合を厭い、避けようとする傾向がある。したがって交合の際、三種類のうち二種類の電気を発することがないため（情欲や快楽が存在しないため、摩擦電気しか発生しないという趣旨）、相手方となる男子は殆ど手淫を行うのと同様の害を被ると述べている。すなわち「情慾なく電気なければ手淫と何ぞ異ならんや」というのである。

さしずめ現代ならば、「男の買春は、（コミュニケーションや愛情がないので）女の体を使ったオナニーにすぎない」とするフェミニズム的な買春批判を彷彿とさせる論理展開である。なお奥付には「京橋区南鍋町一丁目七番地・望月誠方同居」とある。望月誠は兎屋（ないし兎屋誠）という出版社の社長であり、この会社は明治一〇（一八七七）年に実用生活誌『智慧の庫』を創刊し、戯作や立志伝物などの通俗本で一世を風靡したことで知られる。ちなみにこの『人身造化論』は、発売三カ月後には内務省から発売禁止（発禁）を命じられている。

ともあれこの根村熊五郎という人物の肩書は「長野県士族」であるが、木本至氏の調査によると、これは元・松代藩の藩士だったことを意味している。[17] というのも宮本仲『佐久間象山』（一九七九）に抄録されている「安政元寅正月年砲術稽古出座帳」のなかに、根村熊五郎の名前が松代藩士として掲載されているからだ。ちなみに前年の砲術稽古には、NHKの二〇一三年大河ドラマ『八重の桜』前半の実質的主人公というべき会津藩士・山本覚馬や、「米百俵」の逸話で有名な長岡藩士・小林虎三郎が出席している。つまり根村は同藩の佐久間象山――「東洋道徳西洋芸術」のスローガンのもと、勝海舟、吉田松陰らを魅了し、河井継之助、橋本左内、加藤弘之、坂本龍馬らの人材を輩出した兵学者・思想家――が、嘉永二（一八四九）年から自らの私塾で行っていた西洋砲術の教授活動の薫陶を受けた一人なのである。

根村が砲術稽古に出席したのは、安政元（一八五四）年一月一四日。前年に砲艦外交を行ったアメリカ海軍提督マシュー・ペリーが、七隻の軍艦とともに再び浦賀に姿を現す寸前であり、ペリーの露払いとして輸送艦サザンプトンが姿をみせた日である。根村も極めて緊張度の高い時間を過ごしたにちがいない。

ちなみに松代真田藩の分限帳を翻刻した『真田家家中明細書』[18]によれば、根村熊五郎は、嘉永三（一八五〇）年二月に父の依頼で御番入（＝役職を得る）、同五（一八五二）年に「御宛行《あてがい》」を受けている。安政二（一八五五）年六月、「御台場方御番士」とあるので、お台場で警護の役に任じられ、同年一二月に帰番したとある。文久二（一八六二）年八月に「南部坂御屋敷御留守御目付御武具奉行」を仰せ付けられ、「金五両、玄米三人」の扶持を得たという。佐久間象山の私塾で砲術の指導を受けたあとは、御台場で実際に黒船から幕府と日本を守る最前線に立つ戦士の一人だったといえる。ちなみに慶応三（一八六七）年の「御役人帳」でも根村は「御目付武具奉行兼帯」、明治四（一八七一）年の「給禄適宜現石調」でも「一四・〇八石」を受ける藩士として記載されているので、[19]廃藩置県のときまで松代藩に所属していたと思われる。

このような経歴をもつ根村熊五郎が、雌伏の時を経て、明治一七（一八八四）年に『人身造化論』を出版するに至るには、どのような経緯が存在したのだろうか。限りなく興味が惹かれるところである。根村熊五郎が千葉繁と同様に、幕末と明治維新の激動を生き抜いたであろうことは想像に難くないが、藩医であった千葉繁とは異なり、西欧砲術などの軍学を経由して洋学・英学の道に入ったようにみえる。他方で、明治一〇年代も半ばをすぎれば、『造化機論』のブームも定着し、特に英語や医学の知識がなくても、三種の電気説を読者に語りかけられるほどには、造化機論系が生み出した新知識が通俗化したとみることもできる。

いずれにせよ根村熊五郎の人生は、今後注目するに値する。

## 医学アカデミズムの形成

ところで章末に示した造化機論系テクストの著者・訳者・編者一覧のうち、医学関係者であると確認できる人物が何人か存在する。特に有名なのは『造化生生新論』（一八七九）の校閲を担

17——木本至「明治の発禁セクソロジーの著者」『出版ニュース』一九八七年九月。
18——国立史料館編『真田家家中明細書』東京大学出版会、一九八六年。
19——田中誠三郎『真田一族と家臣団』信濃路、一九七九年。

当した田代基徳《もとのり》（一八三九〜一八九八）と、ヘーガルの『社会的色欲論』（一八九九）を翻訳した緒方正清（一八六四〜一九一九）である。田代基徳は当初、緒方洪庵から蘭学を学び、洪庵の上京に伴い西洋医学所に移動、その塾頭となった人物である。さらに幕府軍医となるが、明治維新後は大病院の助教授、大学東校の中助教として勤務し、講義を行った。明治六（一八七三）年には現在の日本医学会の濫觴《らんしょう》とされる「東京医学社」に松本順、林研海《けんかい》、戸塚文海、緒方惟準、早矢仕有的、長谷川泰ら洋方医とともに参加した。その後、明治七（一八七四）年には、かんだ夜学校教師、修文社などの私塾を開業した。明治二五（一八九二）年、陸軍軍医監となり、陸軍軍医学校長に就任し、『陸軍軍医学校業府』を創刊した。[20] 幕末から明治にかけて、医学の制度化を支えた大立者の一人といえる。

また緒方正清は、緒方洪庵の養子となって適塾を継いだ緒方拙斎《せっさい》（一八三四〜一九一一）の養子である。彼は東京大学医学部で衛生学を講じ、大正期には緒方産婦人科病院の院長として有名だった。ちなみに本書で何度か登場した賀古鶴所も、緒方正清の門弟である。これ以外には、一九世紀アメリカの夫婦向けパンフレットとして著名な **Frederick Hollick** の ***The Marriage Guide*** (**1850**) を明治二九（一八九六）年に『生殖自然史　一名婚姻之栞』という名称で翻訳した隠岐敬治郎（昭和元［一九二六］年の『性学読本』に「家庭病院長、英国ダラム学士会員」という肩書あり）、明治二一（一八八八）年に『男女交合造化機新論』を翻訳した細野順（開業医、帝国医科大学卒業生）、『色情衛生哲学』（一九〇六）、『通俗色情衛生顧問』（一九〇八）などの著作がある黒木静也

（産婦人科専門医）なども医学者であった。全体としてはごくわずかであるが、明治二〇年代をすぎると医学士、開業医、産婦人科医などの肩書を有する医療関係者が、造化機論系の一般向けの書物を刊行するようになる。

医学関係者が生理学や衛生学、産婦人科学などの専門分野を有しつつ、造化機論系テクストの著者として現れる背景には、西洋医学あるいは医学者の制度化という社会的文脈が存在する。端的にいって、医師の開業免許制度が徐々に整備され、専門的な医者を養成する高等教育機関（東京大学医学部、地方の医学専門学校、済生学舎《さいせいがくしゃ》などの私立医学専門学校など）が成立し、その卒業生が医者となって、制度化された医学の専門知識に基づいた、一般向けの著書が出回るようになっていく。

明治二（一八六九）年、明治政府がドイツ医学の導入を決定したことは、すでに述べた。これに続き明治七（一八七四）年に「医制」が東京・京都・大阪で発布され、翌年より医業開業試験が三府、さらに翌年には全国で実施されることとなった。明治一一（一八七八）年末には、開業試験による合格者が一八一一人誕生した。

「医制」の三七条では医学卒業の証書、もしくは内科外科眼科産科等の専門科目を二年以上実習したという証書を所持する者には、免状を与えて開業を許可することと定めていた。しかし当時、

20――以上は『朝日日本歴史人物事典』、青柳精一『近代医療のあけぼの』による。

八割以上は漢方医だったので、従来から開業していた医師には学術試験を要求せず、その医者の履歴と治療実績とを考慮して仮免状を授けることにした。すなわち漢方医が当分、無試験で営業を続けることが認められた。しかし徐々に漢方排除の体制が強まり、明治一六（一八八三）年、「医師免許規則」「医術開業試験規則」が制定されたことで、漢方医が存続する道は閉ざされた。

これに伴い、各地で医学学校が生まれ、その卒業生が洋方医、すなわち西洋医学の実践者となっていく。東京大学医学部だけでなく、京都・大阪・愛知の医学校、千葉・仙台・岡山・長崎・金沢の高等中学校医学部などが生まれ、済生学舎など私立の医学専門学校も増加していく。明治二九（一八九六）年の日本の医師総数は三万九二一四人、そのうち洋方医の数は大学卒業一四六二人、官公私立医学専門学校卒業三三〇一人、外国学校卒業と試験及第医師が七九一六人、官公庁や地方公立病院に奉職する教授などが一三七七人で、洋方医の合計は一万四〇五六人。全体の三五・八％となっており、徐々に漢方医を凌駕していった。[21]

東京大学医学部は明治九（一八七六）年に最初の本科卒業生三一人を世に送り出したが、その後も医学エリートを輩出していく。まずは洋行帰りの大沢謙二（生理学教授）らが日本人教授となる。明治一二（一八七九）年卒業生の片山国嘉《くによし》（法医学）、一三（一八八〇）年卒の緒方正規（衛生学）、榊俶《はじめ》（精神病学）、一四（一八八一）年卒の森林太郎（鷗外）、賀古鶴所（陸軍軍医）らは、東京大学医学部という教育機関を通して医学者となった初期の人材である。

千葉繁との関わりでみれば、彼はすでに開業しており、医術開業試験や医師免許を取得しなくても、病院勤務や開業医として生計を立てていく道は残されていた。しかし大学の医学部で正規のドイツ医学教育を受け、洋方医として医学免許を取得し、大学病院に勤務したり、開業医として活躍する新世代の医者たちに、時代が味方したことはいうまでもない。幕末の激動を経て江戸の名残りを色濃く残す明治初年代を、藩医・種痘医・監獄医・シモンズの弟子・『造化機論』四部作の訳述者として駆け抜けた千葉繁。これとちょうど好対照をなしているのが、同じ浜松井上藩出身で、千葉の上司でもあった賀古公斎の息子、賀古鶴所である。

## 同僚の息子にして後輩・賀古鶴所

賀古鶴所は安政二（一八五五）年一月、浜松に生まれた。明治二（一八六九）年、藩主・井上正直が浜松から鶴舞に転封した経緯については第6章で述べたが、鶴所は明治三（一八七〇）年、正直より東京遊学を命じられ、旧藩邸内の足立良斎の家に下宿した。そして緒方洪庵の弟子で、蕃書調所の教授手伝となり、当時、三叉《さんさ》学舎という私塾を開設していた箕作秋坪に学んだ。明治五（一八七二）年に大学医学校に入学し、一四（一八八一）年に東京大学医学部を卒業した。同窓であった森鷗外とは終生の友であり、鷗外の自伝的小説というべき『ヰタ・セクスアリス』では硬派の「古賀《こが》鵠介《こくすけ》」として登場する。金井（鷗外）が一五歳で入学した東京英学校の寄宿舎で

21——布施晶一『医師の歴史』中公新書、一九七九年、一四六頁。

知り合った先輩の古賀鵠介（賀古鶴所）は「顴骨の張った、四角な、赭《あか》ら顔の大男」で、「安達という美少年に特別な保護を与えている処から、服装から何から、誰が見ても硬派中の錚々たるもの」であった。つまり寄宿舎の中で「美少年に特別な保護を与える」男色家であった。現実の賀古鶴所は森鷗外の七歳年長。陸軍が大学に医学教育を一任し、学資を給付する委託軍医学生、つまり陸軍の奨学生であった。

金井（鷗外）は古賀と寄宿舎の同室になってしまい、いつ言い寄られるのかと警戒し、怯えてしまう。しかし古賀は破顔一笑。「彼の顔はおどけたような、威厳のあるような妙な顔である。どうも悪い奴らしくはない」と金井も好印象を抱く。そして古賀は金井と神田で散歩したり、鰻を食うような友人関係となる。

その古賀はふだん、酒を飲んでぐうぐう寝てしまう。しかし月に一度は荒日があり、廊下を踏み鳴らして出て行く。拳骨で戸を打ち破ることもあり、誰かの部屋に入り込んだり、外泊することもあった。「古賀の獣は縛ってあるが、おりおり縛を解いて暴れるのである」。古賀のありようは、寄宿舎における、豪快にしておおらかな明治青年のセクシュアリティのあり方を示している。同性愛を性的生活の一環として受け入れつつも、自らの内なる「獣」（性欲）となんとか折り合いをつけようと奮闘する若者として描かれている。

その古賀といえば、「父親をひどく大切にしている」ように鷗外にはみえた。いうまでもなく、千葉繁の上司・賀古公斎のことである。「その癖父親は鵠介の弟の神童じみたのが夭折したのを惜んで、鵠介を不肖の子として扱っているらしい。鵠介は自分が不肖の子として扱われれば扱われるだけ、父親の失った子の穴塡めをして、父親を安心させねばならないように思うのである」。

このエピソードが、現実の賀古公斎・鶴所親子にあてはまるかどうかはわからない。ただ鶴所の三歳年下の弟・篤雄は一五歳で夭逝《ようせい》しており、ある程度は賀古鶴所のライフヒストリーを反映しているようにみえる。文学的な表現ではあるものの、「不肖の子」と自己認識して生きた鵠介＝鶴所の、父・公斎に対する複雑な感情といじらしさを感じさせる。少なくとも鷗外の目に古賀は、単に豪快な好男子というだけでなく、内面的葛藤をかかえた繊細な人物として映じていたようだ。この小説では鷗外が二〇歳になる頃、「古賀は某省の参事官となって、女房を持って、女房の里に同居して、そこから役所に通っ」たという。鶴所は明治一四（一八八一）年、二六歳で東京大学医学部を卒業して陸軍軍医となり、ほぼ同時に東京谷中の医師・柳愼斎の四女・けい子と結婚した。鷗外がいう女房とは「けい子」、住んだ場所は谷中ということになる。父・公斎は千葉県茂原で隠居していたので、鶴所は父と別居し、東京で陸軍医という高級官僚のキャリアを歩みはじめた。そして明治一四（一八八一）年、一九歳で本科を卒業した森林太郎に陸軍省入を勧めたのは、同期の賀古鶴所だった。さらに鶴所が、陸軍内で不遇をかこつ鷗外を精神的に支え続けたことは、有名な事実である。

さて鶴所自身は、どういう人生を歩んだのであろうか。鶴所の専門は、東京大学医学部で衛生学を講じた緒方正清のもとで学んだ細菌学であった。明治二一（一八八八）年一二月、山県有朋内務卿とともに欧州に随行。マルセーユからパリ、ベルリン、イタリア、オーストリア、ロシアを巡って、再びベルリンに赴き二カ月滞在。ここで耳鼻咽喉科に学ぶ。帰国後、陸軍軍医学校教官として衛生学、耳鼻咽喉学を明治二五（一八九二）年まで講義する。他方、明治二三（一八九〇）年より日本赤十字社病院に耳鼻咽喉科を開設し、二年後、東京神田小川町に賀古耳鼻院を開業した。明治二七〜二八（一八九四〜九五）年の日清戦争、明治三七〜三八（一九〇四〜〇五）年の日露戦争にも従軍し、ペストの防疫、凱旋輸送の衛生確保などを担当した。

明治四四（一九一一）年には恩賜財団済生会病院の設立発起人となる。昭和六（一九三一）年一月一日、七六歳にて逝去した。正五位勲三等功三級軍医監を贈られる。[22] 軍医としては最上級の道を歩んだ、立志伝中の人物といってよいだろう。

本書の主人公・千葉繁が、賀古鶴所と直接、交流を交わしたことを示す史料は存在しない。だが藩医として上司であった賀古公斎の長子であるから、少なくとも千葉繁は鶴所の存在を知っていたであろう。とはいえ二一歳も年の離れた若者と、知己や友人として深く交際したようには思えない。特に鶴舞藩の解散以降、横浜に移住した千葉繁と、東京で官僚として生きた鶴所の間に、世間並みのつきあいがあったかどうかは定かではない。

むしろここで注目したいのは、東京大学医学部というエリート教育コースを経て、軍医として高級官僚、あるいは開業医の道を歩んだ鶴所と、そのようなキャリアパスが成立する以前の時代を生き、苦闘せざるをえなかった千葉繁との対照的な姿である。千葉繁も賀古鶴所も、旧藩士の身分で明治政府や神奈川県庁に雇われ、官僚としてサヴァイヴした「郡県の武士」であった点は共通しているが、人生のどの時期に明治維新を経験するかに応じて、その恩恵の受け方には大きな差異が生じていた。

22――以上、賀古鶴所の経歴に関する記述は、久保猪之吉「賀古鶴所氏伝」『耳鼻咽喉科』第四巻四号、一九三一年、による。

## 参考資料2　明治二二年一〇月二八日、千葉繁が早矢仕有的へ宛てた書簡
（早矢仕有的の「故人交友帖」第二冊一九―二〇頁、横浜開港資料館蔵）

欽而拝呈仕候、例時も御熾ニ御営業被成奉賀敷候、陳は日外ハ御多事之際、毎度自儘之事のミ相願候所、御信切ニ直様御聞済被下、殊ニ過般ハ態と御来車を蒙り、何とも御礼難申尽、拝縮罷在候、就而は其節御垂命被下候壱条、色々熟考も仕、猶両三日跡伊兵衛殿当港へ被参候迚尋被呉、実際篤と相談仕候ニ、何分小生之身分ニ取りてハ大金ニ而、丁度新備四千九百程ニ相成候、其場へ千八百円位の金円加入候ても迚も追付事ニ無之、夫れニは御承知之通、危き身體を持て我慢に引請、若し次第ニ危険ニ陥入候節ハ、尊體よりの御恩備幷ニ会社より備受候金円之利子相払ひ兼候事ニいたりてハ、跡小供と婦人のミニて、皆々様へ自然御迷惑相懸候事ニ相成候てハ、折角之高樾も烏有ニ属シ、実ニ不相済之罪を残、甚た心痛仕候間、先ツ思ひ切候、然シ残念の事は、先日伊兵衛殿より承り候大略之御規則を外人ニ相談いたし候所、誠ニ厳重之法立ニ而驚入候、少々腕ニ覚の有人ならは、眼前ニ幾分か徳利は直様顕れ可申事ニ申居候故、前条の不都合且ツ心配無之候得は、是非御譲受度、然し丸屋会社之息きニ放れ、小生壱人荷擔候儀ハ無覚束、無余儀前条事ニ相成、残念ニ存候、尤も先日拝顔之節、実情も略々御噺し申上置候通り、是れより逐日寒威熾ニ相成候へは、必す七・八日目ニは遽ニ劇熱を発し、六・七日間は折々引籠、いつも同職之人ニ殊之外厄介相懸、誠ニ気の毒ニ付、当暮ニ至り候得は、辞職仕度心組ニ付、何卒御見捨なく、前条ニ認めし金員を以て加入仕、小生ニ適宜之思召付被為在候節は、何なりとも御周旋被下度、幾枝ニも奉願候、斯く自儘之事のミ申出上は、必す御腹立とは存候へ共、全く往々之所ニ大事を取り候老婆心ニ出候、小胆とハ思召れな

くなれとも、御憫察之程奉仰候、疾く二御断り可申上之所、種々前後之事ニ心を配り、卒一日〳〵
と延引仕候、尚詳事幷ニ御礼之儀ハ拝顔万々可奉申上候、拝具、

十月廿八日　　千葉繁

拝

早矢仕先生

東京日本橋通
三丁目丸屋善八殿
会社ニ而
早矢仕先生

㊞（消印）　　横浜野毛町四丁目
千葉繁
要詞　　安
十月廿八日
〆
㊞（消印）

## 参考資料3　造化機論系テクストの著者・肩書など

| 名前 | 肩書 | 役割 | 造化機論系 | それ以外の書物（翻訳・編集含む） |
|---|---|---|---|---|
| 片山平三郎 | 静岡県士族 | 翻訳 | 『造化秘事』（1876）、『子そだて草一名・両親の心得』（1878）、『男女淫慾論』（1879） | 『英華学芸辞書』（矢田堀鴻訳、1881）、『地文学初歩字引大全』（1881）、『鸞瓈皤児回島記』（1880）ほか4冊 |
| 杣田策太郎 | 福島県士族 | 編集 | 『男女交合得失問答』（1877） | 『烈女の疑獄』（1882） |
| 堀誠太郎 | 山口県士族 | 翻訳 | 『婦女性理一代鑑』（1878-79） | 『衛生食品化学一覧表』（1878） |
| 三宅虎太 | 東京府平民 | 翻訳 | 『通俗男女自衛論』（1878） | 『大久保利通公之伝』（1878）、『民権論編』（1880）、『日本演説討論方法．演説之部』（1882）ほか9冊 |
| 土屋哲三 | 新潟県平民 | 著作 | 『人民必携　婦人造化機問答』（1878）、『妊婦のなぐさめ』（1890） | 『医師衛生委員製表便覧』（1883） |
| 長谷川竹葉 | | 翻訳 | 『通俗生殖器論』（1878） | 『小学用博物図』（1876）、『博物図問答』（1876）、『改正華族銘鑑』（1878）ほか8冊 |
| 木村宗三 | 東京府士族 | 翻訳 | 『婚姻新論初編・二編』（1878） | 『小供らの読むべき理学の問答』（1876） |
| 松井順時 | 東京府平民 | 翻訳 | 『和姦検察法』（1878） | 『英米犯姦律』（1879）『女科約説』（1880）、『琉球事件』（1880）ほか14冊 |
| 宮崎柳條 | 東京府平民 | 翻訳 | 『造化妙妙奇談』（1879） | 『改正物理小学字引』（1881）、『経済要録』（1876）、『小学道徳論字引』（1882）ほか31冊 |
| 橋爪貫一 | 東京府平民 | 翻訳 | 『男女之義務』（1879） | 『英国歩操新式』（1869）、『西国立志編列伝』（1879）、『刑法』（1880）ほか169冊 |
| 富沢春淇 | 三重県平民 | 翻訳 | 『造化繁殖演義図説』（1879） | |

| | | | | |
|---|---|---|---|---|
| 田代基徳 | | 校閲 | 『造化生生新論』（1879） | 『牛痘弁論』（1876）、『百科全書』（1882）、『学徒衛生運動要訣』（1888） |
| 森谷重次郎 | | 翻訳 | 『新撰男女交合規則』（1879）、『通俗造化起原史』（1880）、『通俗婚姻性理』（1883）、 | 『ヘステル氏第一読本独案内』（1886） |
| 味岡弥助 | | 編集 | 『夫婦のわけ』（1879）、『妊娠のわけ』（1879） | 『穴のわけ』（1879） |
| 山野重徳 | 東京府士族 | 著作 | 『造化玉手箱』（1880） | 『改正小学読本字引』（1876）、『御岳山肝要集』（1881）、『小学農業書字引』（1882） |
| 福城駒多郎 | 茨城県士族 | 著作 | 『通俗男女衛生論』（1880） | 『国会論』（1880）、『朝鮮処分纂論』（1882）、『新選明治玉篇』（1886） |
| 平野助三 | 東京府平民 | 編集 | 『懐妊避妊自由自在』（1880） | 『夫婦寝物語』（1879） |
| 大塚祐英 | 東京府士族 | 著作 | 『色事の教』（1881） | 『演説討論会議説教筆記法』（1883）、『現今訴訟独案内 一名・代言不入』（1883）、『新選和洋算術独習』（1886）ほか 10 冊 |
| 赤塚錦三郎 | 東京府平民 | 著作 | 『衛生交合條例』（1882）、『有夫姦検察法並予防法』（1883） | 『生命保険』（1881）、『勧進帳』（1882）、『芝居見物心得』（1882）ほか 3 冊 |
| 根村熊五郎 | 長野県士族 | 著作 | 『夫婦の後悔』（1883）、『姦婦の改心薬』（1883）、『女房の義務』（1883）、『人身造化論』（1884） | 『朝鮮近情』（1882）、『交際及対話の注意』（1883）、『災難の予防』（1883）ほか 3 冊 |
| 岡田常三郎 | 東京府平民 | 編集 | 『男女造化機論　新撰全』（1884） | 『永代九星方位早はかり』（1885）、『国会議員党派の争』（1890）、『廓の鞘當：一名娼妓の仇討ち』（1892）ほか 17 冊 |
| 池ノ谷文一郎 | | 著作 | 『新撰造化懐妊論』（1885）、『造化懐妊論』（1887） | |
| 岩本吾一 | 東京府平民 | 著作 | 『通俗男女造化機論』 | 『日本忠臣伝』（1886）、『絵本通俗英国史』（1887）、『怪談牡丹燈』 |

| | | | | |
|---|---|---|---|---|
| | | | (1885)、『通俗男女交合論』(1889) | (1887) ほか 5 冊 |
| 武部滝三郎 | 東京府平民 | 著作 | 『男女交合得失問答』(1886) | 『仮名文章娘節用』(1886)、『七偏人：妙竹林話』(1886)、『端唄二葉集』(1914) ほか 1 冊 |
| 甲田良造 | 大阪府平民 | 著作 | 『色情哲学』(1887) | 『立憲政体論』(1882) |
| 細野順 | 開業医、帝国医科大学卒業生 | 翻訳 | 『男女交合造化機新論』(1888) | |
| 瀬山佐吉 | 東京府平民 | 著作 | 『快楽秘法　男女交合新論』(1888)、『造化懐妊論』(1888)、『新撰造化機論全』(1889)、『人造新法色事指南』(1889) | 『加賀の白雪　北雪美譚』(1886)、『一新講諸国道中記』(1887)、『芸者玉手箱』(1887) ほか 46 冊 |
| 隠岐敬治郎 | 家庭病院長、英国ダラム学士会員 | 翻訳 | 『月修産婆学』(1893)、『生殖自然史　一名婚姻之栞』(1896)、『性学読本』(1926) | |
| 緒方正清 | 産婦人科学 | 翻訳 | 『社会的色欲論』(1899)、『臨床婦人科軌範』(1900)、『助産婦学』(1911) ほか 32 冊 | |
| 藤根常吉 | | 校閲 | 『生殖衛生論』(1899) | 『医科物理公式詳解』(1895)、『生理書　医学生受験用』(1896)、『化学書　医学生受験用』(1897) ほか 13 冊 (校閲中心) |
| 黒木静也 | 産婦人科専門医 | 著作 | 『色情衛生哲学』(1906)、『通俗色情衛生顧問』(1908) | |
| 原真男 | | 著作 | 『色情と青年』(1906) | |

(　　は注目すべき人物)

# 第9章

## 誰か千葉繁を知らないか――「セクシュアリティの近代」のゆくえ

## 「郡県の武士」としての千葉繁

浜松井上藩に藩医として抱えられた父をもち、自らも藩主に仕える藩医となりながら、版籍奉還・廃藩置県で千葉県鶴舞に移住し、鶴舞藩の解散により井上家を離れた千葉繁。彼はやがて神奈川県庁に邏卒医として就職し、戸部監獄・邏卒病院・横浜共立病院に勤務し、業務の傍ら翻訳した『造化機論』四部作がベストセラーとなり、横浜医学界創成期の中心人物の一人となる。ここまでの千葉繁の半生を簡単にまとめるならば、以上のようになるだろうか。

彼のことを歴史社会学の観点からは、どのような存在として位置づけられるだろう。

比較社会学者の園田英弘氏（一九四七〜二〇〇七）は、それまでの歴史学のなかで明治維新以降の武士が士族反乱、秩禄処分、士族授産などを通して、もっぱら「解体」され「没落」する階層として描かれてきたことを批判し、旧武士は「没落士族」と、維新後に上昇転化し官職や教職を得た「郡県の武士」の二極に分化したと論じている。[1] 園田氏が提示する明治一四（一八八一）年の『帝国統計年鑑』によれば、士族総戸数四二万五六五八戸のうち、中央・府県道の文・武官、司法官、警察官、監獄官などの「官員」になった者が七万八三二八人、群区町村吏となった者が九万二六六人であり、官職を保有している士族戸数の比率は一六％となる。全官職に士族が占める割合は約四〇％であり、武士身分の一部は官職保有者へと上昇転化した。

一六％という数字は少なくみえるかもしれない。しかし教職も「上昇転化」の一部と考えると、さらに「郡県の武士」の数は増える。一説によると明治一六（一八八三）年の小学校教師の四割は士族であり、これを推定値とすると、約三万人の士族が教師として就業していたことになる。このとき明治一四（一八八二）年に道府県から俸給を受け取り、それなりの職業的威信を有している士族の数は約九万九〇〇〇人、全体の二三％となる。つまり士族の四分の一は没落することなく、明治政府でそれなりの職に就いていたことになる。ここまでが園田氏の指摘だ。

第2章でみたように、父・千葉忠詮が自らの力量によって浜松井上藩の藩医という地位を得た「家芸人」だったとすれば、父から藩士（藩医）という地位を受け継ぎ、井上藩の解散後は神奈川県に監獄医として再就職がかなった千葉繁は、「郡県の武士」の一人だったとみることができる。幕末から明治初頭にかけての混乱と浜松井上藩の苦境を考慮に入れるならば、千葉繁はむしろ幸運な部類に入るのではないか。というのも磯田道史氏の名著『武士の家計簿』が指摘するように、官僚や教師になれた士族、すなわち「郡県の武士」と、なれなかった旧武士の生活には、天と地ほどの差が生じたからだ。磯田氏の紹介する事例によると明治七（一八七四）年、海軍出納課長の年収は一二三五円、これに対し金沢製紙会社雑務係の年俸は四八円。磯田氏が大工の賃金水準から勘案したところ、当時の一円は現在の約三万円にあたる。したがって現在ならば官員になった者の年収は三六〇〇万円、官員になれなかった士族は一五〇万円にしかならない。[2]「官

1――園田英弘『西洋化の構造』思文閣出版、一九九三年。

員の月給があるかないかが、士族にとっての運命の分かれ目であった。

千葉繁自身も明治二（一八六九）年、鶴舞藩に勤務した当時は「高五十俵」の禄高にすぎなかった[3]。しかし鶴舞藩を脱して神奈川県庁に十四等出仕で就職した頃には月給は一三〜一五円、明治六（一八七三）年六月に十等出仕となった際には月給四〇円を得ていたはずである[4]。これを現在の年収に換算すると一四四〇万円となる。米価を用いて換算すると、年収は現在の感覚ではもっと低くなるが、当時においてはそれなりの高給取りであったといってよいのではないか。

むろん明治八（一八七五）年、『造化機論』出版の直前に神奈川県庁を退職していることに鑑みれば、千葉繁が「郡県の武士」であった期間はわずか三年にすぎないということもできる。しかしその後も、シモンズ門下の近藤良薫や宮島義信と交流を続け、横浜医学講習所の設立発起人となって、横浜の医学界でそれなりの地位と名声を得たことを踏まえれば、千葉繁の「転職」は成功を収めた、といえるのではなかろうか。

## 造化機論に対する逆風

ちなみに『通俗造化機論』は、明治四一（一九〇八）年一〇月二五日に第一六版が出ている。ここでは千葉繁は奥付に「訳述者」として登場するのみで、住所の表記は消えている。明治二〇年の合本までは千葉の住所は表記されていたわけだから、ここで住所の表記が消えているということは、千葉繁と出版者とのつながりがきれたか、千葉繁が天寿を全うしたかのいずれかを意味するように思われる。仮に明治四一年まで存命だったとすれば、七四歳だったことになる。

さらに内務省警保局（編）『禁止単行本目録』（自明治二一年至昭和九年、湖北社、一九七六）によれば、『造化機論』はさらに長く刊行されたようだ。大正二（一九一三）年八月二〇日、千葉敏《ママ》の『通俗造化機論』が発禁となっていることが確認できる。[5] 最初の刊行からすでに三八年が経過している。明治期はおろか大正期に至るまで、最初の『造化機論』に需要があったことが改めて理解できる。とはいえ、この頃にはさすがに『造化機論』のブームは終わり、『造化機論』の〝科学性〟に対して、厳しい批判の視線が向けられるようになっていく。たとえば『日本医学史』の著者であり、医学誌『人性』を主宰した富士川游《ゆう》（一八六五〜一九四〇）は『児童研究』（一九〇〇）二巻九号に寄せた「学齢児童の色情に就きて」で、次のようにいう。

「近時の出版にかかれる学校衛生学の書には、大抵此事項（引用者注：手淫の身体及び精神に

2——ただし明治初年と現在の値段の直截的な比較はきわめて難しい。（当時の）一円＝（現在の）二万円、という説もあるし、米価で比較するとさらに下がる（第2章の比較では一円＝約七〇〇〇円）。あくまで参考程度の指標と考えてほしい。

3——磯田道史『武士の家計簿』新潮新書、二〇〇三年、一七一頁。

4——神奈川県立図書館『神奈川県史料』第七巻、一九七一年、一三〇頁。明治七年の「改正等級表」による。

5——出版人は柳澤武運三。大阪出身で『淀屋辰五郎実記』（一八八八）、『現行大日本法律全書』（一八八四）をはじめ、多数の本を出版している人物である。

及ぼす害）につきての記載あり。一読を要す。通俗的生殖機論の書物（独逸にも盛に行はる。我邦にも数種の訳書ありと覚ゆ）は、記事確実ならず、医学の知識なき人にして、之を閲読するは、よろしからず」[6]。

『児童研究』は明治二三（一八九〇）年に心理学者の元良《もとら》勇次郎、教育学者の高島平三郎らが創設した日本教育研究会の月刊誌であり、教育者向けの雑誌である。医学者である富士川にとっては「アウェイ」の雑誌といえるが、彼はここで精神生理的かつ病理的な観点から「早期色情発動」（手淫を含む）を研究すべきと勧めている。その際には学校衛生学の専門書によるべきで、「通俗的生殖機論」は「記事確実ならず」、その著者たちは「医学の知識なき人」なので「よろしからず」というのである。

富士川游にかぎらず、明治三〇年代頃から、東京大学医学部を頂点とする医学者が大量に、専門家集団として登場するようになっていた。その結果、というべきか、造化機論系の書物は、専門性を欠いた俗論として医学アカデミズムの仮想敵になっていく。

あと二つだけ例を挙げると、明治期末から大正期にかけての教育学者・谷本富《とめり》（一八六七～一九四六、京都帝国大学文科大学教授）は『系統的新教育学綱要』（一九〇七）の中で早婚の弊害を主張したのだが、彼に疑義を呈したある人が、福澤諭吉の「早婚は必ずしも害あるにあらず」という説や、「女は二十七歳までに結婚しなくては強い子を産めない」という『造化機論』の説をもちだした。これに対して谷本は、「『造化機論』とか云ふ様なイカガワシい本などに斯く云ふ説があり升《ます》」と否定的に語っている。[7] ここで福澤諭吉と『造化機論』が同一平面で論じられているのは偶然の一致かもしれないが、興味深い。しかし「早婚は必ずしも害ではない」という説は現代医学の観点からみても正論と思われるのだが、谷本にとって『造化機論』は「イカガワシい」対象にすぎないのだ。

また法学者で、英吉利《イギリス》法律学校（のちの中央大学）の創設にかかわった江木衷《ちゅう》（一八五八〜一九二五）も「自然主義の小説と法律」というエッセイのなかで、「近頃、いわゆる自然主義小説が登場して、益々見苦しくなっている。新聞雑誌も毎日掲載している。思うにこの直景直寫直情直露、解剖室の標本や造化機論の挿圖《さしえ》をみるかのようである」と述べている。[8] 明治末期に流行した自然主義文学は恋愛の情を直接的かつ露骨に描きすぎていて、解剖学の標本や「造化機論の挿圖」と同様だというのである。「直景直寫直情直露」の典型として、『造化機論』の名が挙がる。

これらの事例からも窺えるように、刊行当初から「有益性」と「淫書」の間を揺れ動いた『造化機論』に対する評価は、明治期後半に至って「イカガワシ」く、「直情直露」（描写が露骨）と

6——富士川游「学齢児童の色情に就きて」『児童研究』第二巻九号、一九〇〇年、一六頁。
7——谷本富『系統的新教育学綱要』六盟館、一九〇七年、一四七—八頁。
8——原文は「近来所謂自然主義の小説なるもの益々出でて益々醜を極むと云ふ、新聞雑誌の日として之を説かざるはなし。想ふに直景直寫直情直露、解剖室の標本を観るが如くならん、造化機論の挿圖を繙くが如くならん」。江木衷『冷灰全集』冷灰全集刊行会、一九二七年。

いう、否定的な評価に大きく傾いてしまう。明治の教育制度の中から生まれ、東京帝国大学を頂点とする大学卒の医学者、教育者、法律家が活躍するような時代にあって、幕末から文明開化にかけての香りを残した『造化機論』の「科学性」や「有益性」は、顧みられなくなっていく。こうした傾向はこのあと、強まれども弱まることはなかった。

## 『造化機論』はなぜ忘れ去られたか――何重もの忘却をこえて

さて千葉繁という一人の男がときに藩医、ときに監獄医、ときに米国医学の同伴者、最後には米国性科学の翻訳者として、幕末から明治の激動を駆け抜け、サヴァイヴしてきた様を本書は描いてきた。その営みも終局を迎えようとしている。改めて確認しておくならば、本書は、肉声や記録をほとんど残さなかった千葉繁という男の一生に、現場百遍の刑事、というよりは殆どストーカー的な執念で迫り、再構成し、そこから社会のありようや歴史の軌跡を記述する試みであった。数年前まで、東京大学文学部の二つ隣の研究室でご指導ご鞭撻いただいた近世史の泰斗・吉田伸之氏からご教示いただいた用語でいえば、西洋古典歴史学のプロソポグラフィに近い問題意識といえるかもしれない。高橋秀氏によるとプロソポグラフィとは、「対象とする社会に現れる人物について、生没の時と所、結婚と家族構成、住所、学歴、財産の額や源泉、職業と職歴、宗教など、一定の項目に関して、伝記資料を収集・整理し、それらをもとにして政治や社会の問題を考察する」ことである[9]。本書で筆者が目指してきたことも、基本的にはこれに近い問題意識であったと今はいえる。あるいは筆者が一生の仕事と定めた社会学の言葉になぞらえるなら、個人の語りにもとづいて、唯一的な個人の経験から社会や歴史の普遍的な構造を描く「生活史」、なかでも当事者が日記や手紙を残したわけではないという意味で、「本人の肉声なきライフヒストリー」とでもいえるような、未開の領野を歩んできたことになるのかもしれない。

本書を閉じるにあたり、最後に問われなければならないのは、明治期を通してこれほどまでに流行した造化機論系の書物や、その嚆矢《こうし》というべき千葉繁が、現代の医学史、性科学、性教育の歴史のなかで、なぜ殆ど顧みられることなく、忘れ去られてしまったのかという謎だ。

これには、いくつかの可能性が考えられる。

第一に、千葉繁個人の事情として、浜松井上藩という小藩に属したことの悲哀がある。彼が属した浜松井上藩は徳川の譜代大名であり、藩主・正直も二度まで老中に上り詰めた名門であった。しかし黒船来航以降の幕末史において、薩長土肥のように、のちに明治政府を構成する「勝ち組」となることはなかったし、勝海舟や榎本武揚のような旧幕臣、戊辰戦争を戦った会津藩士などど「敗れざる者たち」ですらなかった。浜松井上藩の江戸詰藩医の息子であった千葉繁は、江戸の地域史からも、浜松や静岡、鶴舞、千葉の地域史からも無視されることになった。ただし千葉繁の人生は、藩主・井上正直を介して幕末の英学史とつながり、小菅純清や賀古公斎を通して緒

9――高橋秀「古代ローマ史プロソポグラフィ研究」『史苑』第五〇巻一号、一九九〇年、一二七―四八頁。

方洪庵ら蘭学の系譜につながり、シモンズを通して横浜の英米医学につながり、早矢仕有的を通して福澤諭吉らの慶應義塾の人脈ともつながっていた。

第二に、千葉が師事したシモンズやその同業者のヘボン、ウィリスらは宣教目的で来日したプロテスタントの医師であり、千葉が翻訳したジェームス・アストンやエドワード・フートらの米国性科学は、黒船来航以降の日本、その中心地である横浜に輸入された最先端の医学であった。しかし明治政府は英米医学ではなくドイツ医学を採用し、医師開業試験によって医業を国家資格化し、東京帝国大学を頂点とする医学部を卒業した人間が専門家集団となって医学界を支配するに至る。『造化機論』は、英米医学とドイツ医学の端境期に狂い咲いた、大輪の花ということができる。しかしそれはドイツ医学が主流化するにつれて、いかがわしい、露骨な淫書として敬遠されるようになっていく。その結果、横浜の英米医学に対する注目も（横浜の医学史研究者を除けば）大きく減殺されてしまい、千葉繁という医学者の人生も、横浜医学界の創設に深く関わったにもかかわらず、大きく注目されることはなかった。

さらにスコープを大きくとって、造化機論系のテクストを医療文化史、言説史的な観点から捉え直してみたい。

まず千葉繁が翻訳した『造化機論』四部作は、オナニーの有害性と三種の電気説を強調したことが、当時の言説空間において特徴的であった。オナニー有害論そのものは欧米の性医学では長い歴史を有しており、それを論じることは本書の範囲をこえるが、かつてミシェル・フーコーが提案した「性愛の術／性の科学」という見取り図を使うならば、『造化機論』四部作もまた、性という個人的な事柄を、科学的・客観的真理に従属させようとする「性の科学」の系譜に属している。[10]

もちろん『造化機論』が翻訳される以前の日本社会にも、性に関する観念や言説は存在していた。春画の伝統しかり、精液減損という観点から健康維持を説き、性行為の過度性を戒めた貝原益軒の『養生訓』（一七一三）に代表される「養生術」しかりである。さきのミシェル・フーコーにならえば、これらを「性愛の術」の文明と呼ぶことができる。

『造化機論』の登場が意味するのは、このような養生術、すなわち日本版「性愛の術」の文明に、欧米出自の「性の科学」の伝統が折り重なるように移植されたということだ。『造化機論』は春画にとって代わったと認識されていたこと、『造化機論』に対する評価が「有益性」と「淫書」のあいだで揺れ動いたことはすでにみた。もちろん千葉繁にとって『造化機論』の翻訳は、当時横浜に輸入された米国医学を生真面目に受け継いだものであり、それが春画のように扱われることは意に沿わぬものであったはずだ。しかしはからずも、「意の取り違へ」によって「造化機論ブーム」というべき状況が生まれ、造化機論系のテクストは全体として、明治期の市井の人びとの性観念に大きな影響を与えることになったのである。

10――ミシェル・フーコー『性の歴史I：知への意志』渡辺守章訳、新潮社、一九八六年（原著は一九七六年）。

だが明治期の後半から大正、昭和の前期にかけて、一般の人びとに大きな影響を与える別の知識体系が登場してくる。それは、ドイツに留学してドクトル・メヂチーネの称号を獲得し、泌尿生殖器科医院を開業した羽太鋭治《はぶとえいじ》（一八七八～一九二九）、東京帝国大学で人類学者だった坪井正五郎（坪井信良の息子）を師と仰ぎ、宮崎県師範学校や東京都海城中学の博物教師だった澤田順次郎（一八六三～？？）、大阪医学校病理学助手や台湾総督府医学校に勤務した田中香涯《こうがい》（一八七四～一九四四）らが担った「通俗性慾学」である。通俗性慾学もまた膨大なテクスト群を世に残したが、これらと比較したとき、造化機論系のテクストには決定的に欠けているものがある。それは、情欲や性欲を統御する個人と、個人を取り巻く国家や社会の関係をいかに構想するか、という視点である。

たとえば澤田順次郎は彼の主著ともいうべき『性慾論講話』（一九一二）のなかで、「性慾問題は単一なる生殖器論にあらずして、一方に於ては国民の体質を改良し、一方に於ては人の性格を高めて、人類を最も幸福なる境遇に導かんとするにある」という。[11]

ここで澤田が「単一なる生殖器論」として造化機論系のテクストを想定していたことは、間違いないだろう。澤田が構想する性慾学は造化機論とは異なり、国民の体質改良を通した人類の幸福という優生学的な全体（国家や社会）の改良を志すものだとされる。さらに『新公論』が明治四五（一九一二）年にはじめて特集した「性慾論」の巻頭言は、次のように述べている。

厳正なる天意の摂理、必須なる人生の大法たる性慾は、何人の否定も許さざる実在の真理には相違ないが、是れ真に活人剣たると同時に殺人剣にして、今日の慄然たる光輝ある人類進化の源を為せると共に又驚愕悲嘆すべき無量の惨毒を流した[12]

つまり性慾は、「何人の否定も許さざる実在の真理」であるので、善導すれば人類進化の源泉となるが、悪用すればさまざまな悪徳や社会問題の原因になる、というのだ。その使い道を決めるのは、まずは個人による性慾の統制だが、それがうまくいかない時、社会という全体的な水準による統制が要請されるという。このように、性慾は自然の本能だが、悪用すれば社会に害を与えるから善導しなければならないという考え方こそ、明治期末から大正期にかけての通俗性慾学に共有された問題意識であった。

しかしこのような視点を、造化機論系のテクストに見出すことはできない。

これは造化機論がブームを迎えた明治九年から二〇年代頃の日本においてはまだ富国強兵や立身出世という世相が牧歌的であったことを意味しているのかもしれない。日清戦争、日露戦争を経て、植民地化の危機から脱し、非西洋国として唯一、先進国扱いを受けることになった明治中〜後期の日本に登場した『坂の上の雲』のナショナリズムは、いまだ熟していないという印象を

11——澤田順次郎『性慾論講話』文明堂、一九一二年、四頁。
12——「性慾論」特集巻頭言『新公論』明治四五（一九一二）年九月号。

受ける。

しかし一九世紀と二〇世紀の境目、すなわち明治三〇年代の半ばころから、徐々に人口の問題や人類改良という問題意識が登場するようになる。造化機論系のテクストでも、たとえば中谷驥《き》一《いち》『色情と其衛生』（一九〇五）では、人類改良の立場から避妊が推奨されている。[13] この傾向は大正期の性教育ではより強まっていく。一例を挙げると、第一高等女学校の市川源三が著した『性教育概論』（大正一一＝一九二二）では、性教育の内容として以下の八つを提示している。

（一）性の個人衛生 →月経の取り扱い（女性）や自瀆の弊害（男性）
（二）性の社会衛生 →「人類の劣性化を惹起する」花柳病に対する知識の伝授
（三）売笑婦問題
（四）私生児問題 →男女の二重道徳、青年男女の堕落、家庭崩壊、人権蹂躙
（五）性の道徳 →純潔貞操、一夫一婦制
（六）性の神聖（性の美学）
（七）結婚問題 →恋愛結婚のすすめ（恋愛の優生学的訓練）
（八）人種改良問題 →配偶者撰択における優生学的条件の配慮[14]

これらのリストを眺めるだけでも、大正期における性の社会問題化の特徴が垣間見えて興味深

いが、ここではさしあたり「性の個人衛生」という項目で個々の主体による性欲の自己統御が、「性の社会衛生」、「売笑婦問題」、「人種改良問題」という項目で社会全体による性の管理／統御が論じられていることに着目しておこう。個の水準（この頃はやりの言葉でいえば「闘性」）と全体の水準（衛生学、優生学、人口学など）が同時に問題化されるところに、明治三〇年代以降の性観念の特徴がある、と考えておきたい。

大風呂敷を広げていえば、このような性の問題化は、晩年のミシェル・フーコーが近代の性をめぐる社会構想として論じた、「全体的かつ個別的に」社会を統御する生権力の問題系とも深く関わりあっている。フーコーは『社会は防衛しなければならない』という一九七五～七六年のコレージュ・ド・フランスの講義のなかで性現象《セクシュアリテ》について、次のように述べる。[15]

「一方で、性現象はまさに身体的行為として、個体を対象とする恒常的監視という形態をとる規律的管理に属する」（筆者注：一八～一九世紀欧米のオナニー管理のこと）。「それから他方で、個人の身体にではなく、人口が構成する多数的な要素、統一体にかかわる広汎なプロセスのなかに、性現象は位置づけられ、繁殖に影響を及ぼします。性現象はまさに身体と人口が交差するところ

13――中谷驥一『色情と其衛生』青木恒三郎、一九〇五年、一頁。
14――市川源三『性教育概論』同文館、一九二二年、一一―一八頁。
15――ミシェル・フーコー『社会は防衛しなければならない』石田英敬・小野正嗣訳、筑摩書房、二〇〇七年。
= "Il faut dédendre la société" *Cours au Collège de France 1975-1976*, 1997, Seuil/Gallimard.

にあるものなのです」[16]。

フーコーがいう「性現象」、その典型としてのオナニー監視は、個人の身体に対する規律メカニズムであると同時に、全体的な人口への調整メカニズムでもあるというのである。この二重性こそが生権力の根幹にあるというのが、フーコーの見立てである。

衛生学や優生学、人口学というレンズを通してしか世界をみることができない二〇世紀の性の専門家にとって、『造化機論』は、全体という水準を欠いた「単なる生殖器論」にしかみえないのである。おそらくこれは衛生学や優生学や性欲学を実際に担った専門家だけの問題にはかぎられない。それを受け入れた一般の人びと、さらにはこうした生権力に基づく社会構想を批判的に論及する後世の研究者たちにとってさえ、造化機論系のテクストは、論じるに値しない、取るに足らない生殖器論にしかみえなかったのではないだろうか。

このような何重もの〈忘却〉のはてに、『造化機論』は、明治期の奇矯な風俗として否定され、顧みられず、闇に葬り去られることになった。

千葉繁がこのなりゆきをどのような気持ちで見守ったかはわからない。そもそも衛生学や通俗性欲学が登場する頃には、すでにこの世の人ではなかった可能性も高い。しかし、筆者は思う。『造化機論』という言説と千葉繁という人間の生きざまを、一九世紀後半の日本社会、すなわち西洋化と近代化の荒波のなかで苦闘した日本社会の一断面として、誰かが歴史の大海のなかから掘り起こし、過不足のない意味づけを与えなければならなかったのだ、と。千葉繁もまた、それを待ち望んでいたにちがいないのだ、と。

その思いは、今は確信に近いものがある。

16——ミシェル・フーコー『社会は防衛しなければならない』二五〇頁。

# あとがき

本書の前半は、千葉繁という人物の来歴の謎を解くミステリーのように、後半は、千葉繁を中心とする幕末の無名の人物たちを群像劇のように描くことを試みた。その試みがどれだけ成功しているかは読者諸氏の判断に委ねたい。しかし本書は筆者にとっては、それなりに思い入れの強いものだ。とりあえず今は、「千葉繁というミステリー」の一端に迫るという、二〇年以上におよぶ課題にひと区切りをつけたことに、素直に満足している。ミステリーの「種明かし」というには程遠いにせよ、最後に、本書を書き上げるまで筆者を支えてくれた書物や人物に、感謝の気持ちを捧げたい。

まず第1章から4章を執筆するにあたっては、筆者が小学生の頃から憧れの存在である沢木耕太郎氏が、二〇世紀最大の戦場カメラマン、ロバート・キャパの出世作「崩れ落ちる兵士」という写真の謎を論じた『キャパの十字架』（二〇一三）に触発された。本書を構想中にこの書に出逢えたことは望外の幸運だった。「崩れ落ちる兵士」という写真の神話と真実に、実証性と男の浪漫を両立させせつつ肉迫したこの名作の凄さ、すさまじさに、本書は到底及ばない。しかしある人物の謎に迫りたいという思いの強さだけは継受したいと願って書いてきた。

他方、千葉繁をめぐる人物や当時の世相や社会に関する情報が増える第5章から8章に関しては、司馬遼太郎が幕末の洋学者・松本良順と司馬凌海の数奇な運命を描いた『胡蝶の夢』、手塚治虫が自分の祖先で種痘所の発起人でもあった手塚良仙を主人公とした『陽だまりの樹』、山本八重と覚馬兄妹を中心に添えつつ佐久間象山、川崎尚之助、徳富蘇峰ら幕末と明治を生きた草莽の士を魅力的に描いた、二〇一三年度大河ドラマ『八重の桜』の手法から多くを学んだ。特に主人公の周辺人物の描写をことさら念入りに行い、幕末の若者の群像劇というべき境地に到達した『八重の桜』は、本書の構成にとっても大きなヒントになっている。

本書を執筆するにあたっては、多くの方々から温かいご支援をいただいた。とてもすべてを記すことはできないが、大学の同窓生でもある中島一仁氏の協力なしに、本書が陽の目をみることはなかった。いや、協力などという生易しい言葉では足りない。第2章から4章にかけての謎ときに関しては、鋭い推理と地道な史料発掘を行っていただいたことで、どれだけ救われたかわからない。少なくとも本書の前半は中島氏との共同研究、中島氏による教導の成果であることは間違いない。もっとも本書に誤りがあれば、その全責任は筆者が負うものであるが。

また、『造化機論』の原著が *The Book of Nature* であることを突き止め、千葉繁研究に大きな足跡を残した斉藤光氏、千葉繁の別名が千葉欽哉であることを瞬時に発見された山本英二氏、造化機論系の書物について世界一造詣が深い石川一孝氏、近世古文書の門外漢であった筆者にその奥深さを垣間見る機会を与えて下さった吉田伸之氏、古文書の読み方を学ぶ機会を与えてくださった牧原成征氏と日本史研究室のみなさん、筆者の拙い「千葉繁をめぐる冒険」に何度も耳を傾けてくださった歴史社会学フォーラムのみなさん、筆者の勤務先で千葉繁についての論考を公表する機会を与えてくださった小佐野重利氏、小島毅氏、永嶺重敏氏、木下直之氏、そして、ももクロと赤ワインを仲立ちに友達づきあいをしてくださった故・安西信一氏（享年五四歳）には、感謝しても感謝しきれない。また千葉繁直筆の手紙を解読するにあたり、東京大学史料編纂所・本郷和人教授に便宜を図って頂いた。さらに貴重な古文書である井上家文書を閲覧する上で便宜を図ってくださった京都大学文学部博物館古文書室、千葉繁関連史料の収集・閲覧に多大なご協力をいただいた国立公文書館、浜松市立図書館、千葉県立図書館、横浜開港資料館、信州大学図書館、東京大学図書館の司書の方々にも厚くお礼を申し上げたい。

約一〇年前に『子どもが減って何が悪いか！』の編集をご担当いただき、その後、いくつかの企画をペンディングにしてまで、本書の編集を一手に引き受けていただいた石島裕之さんには、この企画をまずは面白がっていただき、遅筆ぶりに拍車がかかった筆者を力強く支えていただいた。この御恩は、これまで後回しにしてきた出版企画を早急に実現させることで、わずかなりとも報いることができればと願っている。

そして最後に千葉繁。率直にいって、この研究にとりかかる前は千葉繁のことが好きではなかった。「オナニーする自由／しない自由」の両立を究極の性の自由と考える筆者にとって、文明開化の舶来の知としての「オナニー有害論」を普及させるのに一役買った彼は、むしろ打倒すべきライヴァルだったからだ。

しかし千葉繁が生きた人生の痕跡を、わずかな史料をもとにたぐりよせ、彼が過ごした本所、浜松、鶴舞、横浜を訪ねてその土地の空気を吸い、同じ時を過ごした人物や体験したはずの事件を調べていくうち、彼に対して、どうしようもなく親近感を覚えるようになっていった。幕末の藩医としてそこそこ出世しながら、徳川の譜代藩として苦難の転封に同伴し、失業の危機に晒されながらも、得意の英学で身を立て、横浜医学の発展に尽くしたにもかかわらず、歴史の大海に身を隠した千葉繁に対して、筆者はやがて自分の心象風景を重ね合わせるようになっていった。

ちなみに千葉繁は、賀古公斎と知り合いであり、公斎は長州藩医・坪井信良と知り合いであり、信良はおそらく筆者の高祖父、赤川又太郎・晩翠（長州藩士）と知り合いである。したがって千葉繁と筆者は、生まれた年の差一三三年という時をこえて、六人の知人を挟んでつながっている。このように比較的少人数、たとえば六人程度の知人を介するだけで、「知り合いの知り合いの知り合い……」にたどり着けることを、社会学では「スモール・ワールド現象」というが、まさに「世界は広い、そして世間は狭い」（『装甲騎兵ボトムズ』のロッチナ）のだ。

千葉繁の声が聞きたい。会いたい。どんな人だったのか、どんな思いで生き、死んでいったのか。それに少しでも近づきたいという思いだけが、本書を書かせる最終的な動機になっていった。それはちょうど、この研究を本格的に再開した二〇一一年、すなわち東日本大震災の数カ月後、享年一七歳で逝去した愛猫・赤川にゃんこ先生（キジトラ種）に再び会いたい、触れたい、みつめたいという、叶わぬ願いとシンクロしていたかもしれない。

あの世で千葉繁とにゃんこ先生に再会できる日がいつになるかはわからない。しかし、そのとき千葉繁は、筆者にどのような声を聞かせてくれるだろうか。その時を、にゃんこ先生と再会するのと同じくらい、気長に、楽しみにしている。

平成二六（二〇一四）年八月

赤川学

**赤川学** あかがわ・まなぶ

一九六七年生まれ。東京大学大学院人文社会系研究科社会学専攻博士課程修了。博士（社会学）。現在、東京大学大学院人文社会系研究科准教授。専門は歴史社会学、社会問題の社会学、セクシュアリティ研究、人口減少社会論。著書に『セクシュアリティの歴史社会学』『構築主義を再構築する』（以上、勁草書房）、『性への自由／性からの自由――ポルノグラフィの歴史社会学』（青弓社）、『子どもが減って何が悪いか！』（ちくま新書）、『社会問題の社会学』（弘文堂）などがある。

筑摩選書 0099

**明治《めいじ》の「性典《せいてん》」を作《つく》った男《おとこ》**

謎《なぞ》の医学者《いがくしゃ》・千葉繁《ちばしげる》を追《お》う

二〇一四年九月一五日　初版第一刷発行

著　者　赤川学《あかがわまなぶ》

発行者　熊沢敏之

発行所　株式会社筑摩書房
東京都台東区蔵前二-五-三　郵便番号　一一一-八七五五
振替　〇〇一六〇-八-四一二三

装幀者　神田昇和

印刷 製本　中央精版印刷株式会社



乱丁・落丁本の場合は左記宛にご送付ください。

送料小社負担でお取り替えいたします。

ご注文、お問い合わせも左記へお願いいたします。

筑摩書房サービスセンター
さいたま市北区櫛引町二-六〇四　〒三三一-八五〇七　電話　〇四八-六五一-〇〇五三

 ISBN978-4-480-01606-5 C0323

筑摩選書
0001

## 武道的思考

内田 樹

武道は学ぶ人を深い困惑のうちに叩きこむ。あらゆる術は「謎」をはらむがゆえに生産的なのである。今こそわれわれが武道に参照すべき「よく生きる」ためのヒント。

筑摩選書
0002

## 江戸絵画の不都合な真実

狩野博幸

近世絵画にはまだまだ謎が潜んでいる。若冲、芦雪、写楽など、作品を虚心に見つめ、文献資料を丹念に読み解くことで、これまで見逃されてきた〝真実〟を掘り起こす。

筑摩選書
0003

## 不均衡進化論

古澤 滿

DNAが自己複製する際に見せる奇妙な不均衡。そこから生物進化の驚くべきしくみが見えてきた！ カンブリア爆発の謎から進化加速の可能性にまで迫る新理論。

筑摩選書
0004

## 我的日本語
The World in Japanese

リービ英雄

日本語を一行でも書けば、誰もがその歴史を体現する。異言語との往還からみえる日本語の本質とは。日本語を母語とせずに日本語で創作を続ける著者の自伝的日本語論。

筑摩選書
0005

## 日本人の信仰心

前田英樹

日本人は無宗教だと言われる。だが、列島の文化・民俗には古来、純粋で普遍的な信仰の命が見てとれる。大和心の古層を掘りおこし、「日本」を根底からとらえなおす。

筑摩選書
0006

視覚はよみがえる
三次元のクオリア

S・バリー
宇丹貴代実 訳

回復しないとされた立体視力が四八歳で奇跡的に戻った時、風景も音楽も思考も三次元で現れた——。神経生物学者が自身の体験をもとに、脳の神秘と視覚の真実に迫る。

筑摩選書
0007

経済学的思考のすすめ

岩田規久男

世の中には、「将来日本は破産する」といったインチキ経済論がまかり通っている。ホンモノの経済学の思考法を用いてさまざまな実例をあげ、トンデモ本を駆逐する！

筑摩選書
0008

現代思想のコミュニケーション的転回

高田明典

現代思想は「四つの転回」でわかる！「モノ」から「コミュニケーション」へ、「わたし」から「みんな」へと至った現代思想の達成と使い方を提示する。

筑摩選書
0009

フルトヴェングラー

奥波一秀

二十世紀を代表する巨匠、フルトヴェングラー。変動してゆく政治の相や同時代の人物たちとの関係を通し、音楽家の再定位と思想の再解釈に挑んだ著者渾身の作品。

筑摩選書
0010

瞬間を生きる哲学
〈今ここ〉に佇む技法

古東哲明

私たちは、いつも先のことばかり考えて生きている。だが、本当に大切なのは、今この瞬間の充溢なのではないだろうか。刹那に存在のかがやきを見出す哲学。

筑摩選書
0011

# 宇宙誕生
原初の光を探して

M・チャウン
水谷淳 訳

二〇世紀末、人類はついに宇宙誕生の証、ビッグバンの残光を発見した。劇的な発見からもたらされた驚くべき宇宙の真実とは——。宇宙のしくみと存在の謎に迫る。

筑摩選書
0012

# 思想は裁けるか
弁護士・海野《うんの》普吉《しんきち》伝

入江曜子

治安維持法下、河合栄治郎、尾崎行雄、津田左右吉など思想弾圧が学者やリベラリストにまで及んだ時代、その弁護に孤軍奮闘した海野普吉。冤罪を憎んだその生涯とは？

筑摩選書
0013

# 利他的な遺伝子
ヒトにモラルはあるか

柳澤嘉一郎

遺伝子は本当に「利己的」なのか。他人のために生命さえ投げ出すような利他的な行動や感情は、なぜ生まれるのか。ヒトという生きものの本質に迫る進化エッセイ。

筑摩選書
0014

# 贈答の日本文化

伊藤幹治

モース『贈与論』などの民族誌的研究の成果を踏まえ、贈与・交換・互酬性のキーワードと概念を手がかりに、日本文化における贈答の世界のメカニズムを読み解く。

筑摩選書
0015

# 天皇陵古墳への招待

森 浩一

いまだ発掘が許されない天皇陵古墳。本書では、天皇陵古墳をめぐる考古学の歩みを振り返りつつ、古墳の地理的位置・形状、文献資料を駆使し総合的に考察する。

筑摩選書
0016

「窓」の思想史
日本とヨーロッパの建築表象論

浜本隆志

建築物に欠かせない「窓」。それはまた、歴史・文化的にきわめて興味深い表象でもある。そこに込められた意味を日本とヨーロッパの比較から探るひとつの思想史。

筑摩選書
0017

日米「核密約」の全貌

太田昌克

日米核密約……。長らくその真相は闇に包まれてきた。それはなぜ、いかにして取り結ばれたのか。日米双方の関係者百人以上に取材し、その全貌を明らかにする。

筑摩選書
0018

農村青年社事件
昭和アナキストの見た幻

保阪正康

不況にあえぐ昭和12年、突如全国で撒かれた号外新聞。そこには暴動・テロなどの見出しがあった。昭和最大規模のアナキスト弾圧事件の真相と人々の素顔に迫る。

筑摩選書
0019

公共哲学からの応答
3・11の衝撃の後で

山脇直司

3・11の出来事は、善き公正な社会を追求する公共哲学という学問にも様々な問いを突きつけることとなった。その問題群に応えながら、今後の議論への途を開く。

筑摩選書
0020

グローバル化と中小企業

中沢孝夫

企業の海外進出は本当に国内産業を空洞化させるのか。圧倒的な開発力と技術力を携え東アジア諸国へ進出した中小企業から、グローバル化の実態と要件を検証する。

筑摩選書
0021
反原発の思想史
冷戦からフクシマへ
絓 秀実
中ソ論争から「68年」やエコロジー、サブカルチャーを経てフクシマへ。複雑に交差する反核運動や「原子力の平和利用」などの論点から、3・11が顕在化させた現代史を描く。

筑摩選書
0022
救いとは何か
森岡正博
山折哲雄
この時代の生と死について、救いについて、人間の幸福について、信仰をもつ宗教学者と、宗教をもたない哲学者が鋭く言葉を交わした、比類なき思考の記録。

筑摩選書
0023
100のモノが語る世界の歴史1
文明の誕生
N・マクレガー
東郷えりか 訳
大英博物館が所蔵する古今東西の名品を精選。遺されたモノに刻まれた人類の記憶を読み解き、今日までの文明の歩みを辿る。新たな世界史へ挑む壮大なプロジェクト。

筑摩選書
0024
100のモノが語る世界の歴史2
帝国の興亡
N・マクレガー
東郷えりか 訳
紀元前後、人類は帝国の時代を迎える。多くの文明が姿を消し、遺された物だけが声なき者らの声を伝える——。大英博物館とBBCによる世界史プロジェクト第2巻。

筑摩選書
0025
100のモノが語る世界の歴史3
近代への道
N・マクレガー
東郷えりか 訳
すべての大陸が出会い、発展と数々の悲劇の末にわれわれ人類がたどりついた「近代」とは何だったのか——。大英博物館とBBCによる世界史プロジェクト完結篇。

筑摩選書 0026

# 悪の哲学 中国哲学の想像力

中島隆博

孔子や孟子、荘子など中国の思想家たちは「悪」について、どのように考えてきたのか。現代にも通じるこの問題と格闘した先人の思考を、斬新な視座から読み解く。

筑摩選書 0027

# さまよえる自己 ポストモダンの精神病理

内海 健

「自己」が最も輝いていた近代が終焉した今、時代を映す精神の病態とはなにか。臨床を起点に心や意識の起源に遡り、主体を喪失した現代の病理性を解明する。

筑摩選書 0028

# 北朝鮮建国神話の崩壊 金日成と「特別狙撃旅団」

金 賛汀

捏造され続けてきた北朝鮮建国者・金日成の抗日時代。関係者の証言から明るみに出た歴史の姿とは。北朝鮮現代史の虚構を突き崩す著者畢生のノンフィクション。

筑摩選書 0029

# 宮沢賢治の世界

吉本隆明

著者が青年期から強い影響を受けてきた宮沢賢治について、機会あるごとに生の声で語り続けてきた三十数年に及ぶ講演のすべてを収録した貴重な一冊。全十一章。

筑摩選書 0030

# 敗戦と戦後のあいだで 遅れて帰りし者たち

五十嵐惠邦

戦争体験をかかえて戦後を生きるとはどういうことか。五味川純平、石原吉郎、横井庄一、小野田寛郎、中村輝夫……。彼らの足跡から戦後日本社会の条件を考察する。

筑摩選書
0031

ノーベル経済学賞の40年（上）
20世紀経済思想史入門

T・カリアー
小坂恵理 訳

ミクロにマクロ、ゲーム理論に行動経済学。多彩な受賞者の業績と人柄から、今日のわれわれが直面している問題が見えてくる。経済思想を一望できる格好の入門書。

筑摩選書
0032

ノーベル経済学賞の40年（下）
20世紀経済思想史入門

T・カリアー
小坂恵理 訳

経済学は科学か。彼らは何を発見し、社会にどんな功績を果たしたのか。経済学賞の歴史をたどり、経済学と人類の未来を考える。経済の本質をつかむための必読書。

筑摩選書
0033

世界正義論

井上達夫

超大国による「正義」の濫用、世界的な規模で広がりゆく貧富の格差……。こうした中にあって「グローバルな正義」の可能性を原理的に追究する政治哲学の書。

筑摩選書
0034

哲学で何をするのか
文化と私の「現実」から

貫 成人

哲学は、現実をとらえるための最高の道具である。私たちが一見自明に思っている「文化」のあり方、「私」の存在を徹底して問い直す。新しいタイプの哲学入門。

筑摩選書
0035

放射能問題に立ち向かう哲学

一ノ瀬正樹

放射能問題は人間本性を照らし出す。本書では、理性を脅かし信念対立に陥りがちな問題を哲学的思考法で問い詰め、混沌とした事態を収拾するための糸口を模索する。

筑摩選書
0036

# 近代という教養
文学が背負った課題

石原千秋

日本の文学にとって近代とは何だったのか？　文学が背負わされた重い課題を捉えなおし、現在にも生きる「教養」の源泉を、時代との格闘の跡にたどる。

筑摩選書
0037

# 中国の強国構想
日清戦争後から現代まで

劉傑

日清戦争の敗北とともに湧き起こった中国の強国化への意志。鍵となる考え方を読み解きながら、その国家構想の変遷を追い、中国問題の根底にある論理をあぶり出す。

筑摩選書
0038

# プライドの社会学
自己をデザインする夢

奥井智之

我々が抱く「プライド」とは、すぐれて社会的な事象なのではないか。「理想の自己」をデザインするとは何を意味するのか。10の主題を通して迫る。

筑摩選書
0039

# 「魂」の思想史
近代の異端者とともに

酒井 健

合理主義や功利主義に彩られた近代。時代の趨勢に反し、魂の声に魅き込まれた人々がいる。彼らの思索の跡は我々に何を語るのか。生の息吹に溢れる異色の思想史。

筑摩選書
0040

# 数学の想像力
正しさの深層に何があるのか

加藤文元

緻密で美しい論理を求めた哲学者、数学者たちは、真理の深淵を覗き見てしまった。彼らを戦慄させた正しさのパラドクスとは。数学の人間らしさとその可能性に迫る。

筑摩選書
0041

# 社会心理学講義
〈閉ざされた社会〉と〈開かれた社会〉

小坂井敏晶

社会心理学とはどのような学問なのか。本書では、社会を支える「同一性と変化」の原理を軸にこの学の発想と意義を伝える。人間理解への示唆に満ちた渾身の講義。

筑摩選書
0042

# 一神教の起源
旧約聖書の「神」はどこから来たのか

山我哲雄

ヤハウェのみを神とし、他の神を否定する唯一神観。この観念が、古代イスラエルにおいていかにして生じたのかを、信仰上の「革命」として鮮やかに描き出す。

筑摩選書
0043

# 愛国・革命・民主
日本史から世界を考える

三谷博

近代世界に類を見ない大革命、明治維新はどうして可能だったのか。その歴史的経験から、時空を超える普遍的英知を探り、それを補助線に世界の「いま」を理解する。

筑摩選書
0044

# 世界恐慌（上）
経済を破綻させた4人の中央銀行総裁

L・アハメド
吉田利子 訳

財政再建か、景気刺激か——。1930年代、中央銀行総裁たちの決断が世界経済を奈落に突き落とした。彼らは何をし、いかに間違ったのか？　ピュリッツァー賞受賞作。

筑摩選書
0045

# 世界恐慌（下）
経済を破綻させた4人の中央銀行総裁

L・アハメド
吉田利子 訳

問題はデフレか、バブルか——。株価大暴落に始まった大恐慌はなぜあれほど苛酷になったか。グローバル経済黎明期の悲劇から今日の金融システムの根幹を問い直す。

筑摩選書
0046
民主主義のつくり方
宇野重規

民主主義への不信が募る現代日本。より身近で使い勝手のよいものへと転換するには何が必要なのか。〈プラグマティズム〉型民主主義に可能性を見出す希望の書！

筑摩選書
0047
北のはやり歌
赤坂憲雄

昭和の歌謡曲はなぜ「北」を歌ったのか。「リンゴの唄」から「津軽海峡・冬景色」「みだれ髪」まで、時代を映す鏡である流行歌に、戦後日本の精神の変遷を探る。

筑摩選書
0048
紅白歌合戦と日本人
太田省一

誰もが認める国民的番組、紅白歌合戦。今なお40％台の視聴率を誇るこの番組の変遷を、興味深い逸話を交えつつ論じ、日本人とは何かを浮き彫りにする渾身作！

筑摩選書
0049
生きているとはどういうことか
池田清彦

生物はしたたかで、案外いい加減。物理時間に載らない「生きもののルール」とは何か。発生、進化、免疫、性、老化と死といった生命現象から、生物の本質に迫る。

筑摩選書
0050
〈生きた化石〉生命40億年史
R・フォーティ
矢野真千子 訳

五度の大量絶滅危機を乗り越え、何億年という時を生き延びた「生きた化石」の驚異の進化・生存とは。絶滅と存続の命運を分けたカギに迫る生命40億年の物語。